ubook ubk Publishing House

DIREÇÃO DE CONTEÚDO	Cris Albuquerque
EDIÇÃO	Vinícius Nascimento
COPIDESQUE	Nikita Sigrist
REVISÃO	Cristina Barcia e Alessandra Brito
COLABORAÇÃO	Dani Gurgel (identidade visual)
PROJETO GRÁFICO	Theah Editora e Produtora
DIAGRAMAÇÃO	Claudio Albuquerque
CAPA	Dani Gurgel
IMAGENS	Canva, Adobe Stock, Firefly (AI), Flux (AI)

Dados Internacionais de Catalogação na Publicação (CIP)
(Câmara Brasileira do Livro, SP, Brasil)

Gracia, Tati
Diversa-idade: empatia que conecta gerações no trabalho e na vida / Tati Gracia e Will Fiori . -- Rio de Janeiro : Ubook Editora, 2025.

ISBN 978-65-278-0014-9

1. Convivência 2. Empatia 3. Família 4. Pais e filhos 5. Relações entre gerações 6. Relações humanas 7. Trabalho 8. Valores sociais 9. Vida familiar I. Fiori, Will. II . Título.

25-270409 CDD-305

Ubook Editora S.A
Av. das Américas, 500, Bloco 22, Sala 241,
Barra da Tijuca, Rio de Janeiro/RJ.
Cep.: 22.640-100
Tel.: (21) 3570-8150

TATI GRACIA E WILL FIORI

DIVERSA-IDADE

EMPATIA QUE CONECTA GERAÇÕES NO TRABALHO E NA VIDA

Dedicatória

Vivemos um tempo em que a velocidade sufoca a escuta.

A solidão se disfarça na rotina, e as gerações nunca estiveram tão próximas e ao mesmo tempo tão distantes.

Algo essencial está se perdendo: a coragem de escutar com empatia, de dialogar com presença e de criar conexões que humanizem nossas relações na vida e no trabalho.

Dedicamos este livro a todos aqueles que sentem que algo precisa mudar, seja na liderança, na empresa, nas relações, ou em si mesmos. E, talvez, também seja um ponto de reencontro com o outro, com o tempo e com a possibilidade de transformar as diferenças em conexão.

Tati Gracia & Will Fiori

Agradecimentos

Escrever este livro foi um ato de escuta.

Escuta das histórias que cruzam gerações, das pausas necessárias, das perguntas que não cabem em respostas prontas.

Agradecemos a cada pessoa que, direta ou silenciosamente, inspirou este percurso.

Que esta obra, feita de encontros e guiada pela empatia, siga agora o seu caminho, conectando vidas, ampliando diálogos e abrindo novos espaços de pertencimento.

Com gratidão,

Tati Gracia & Will Fiori

Sumário

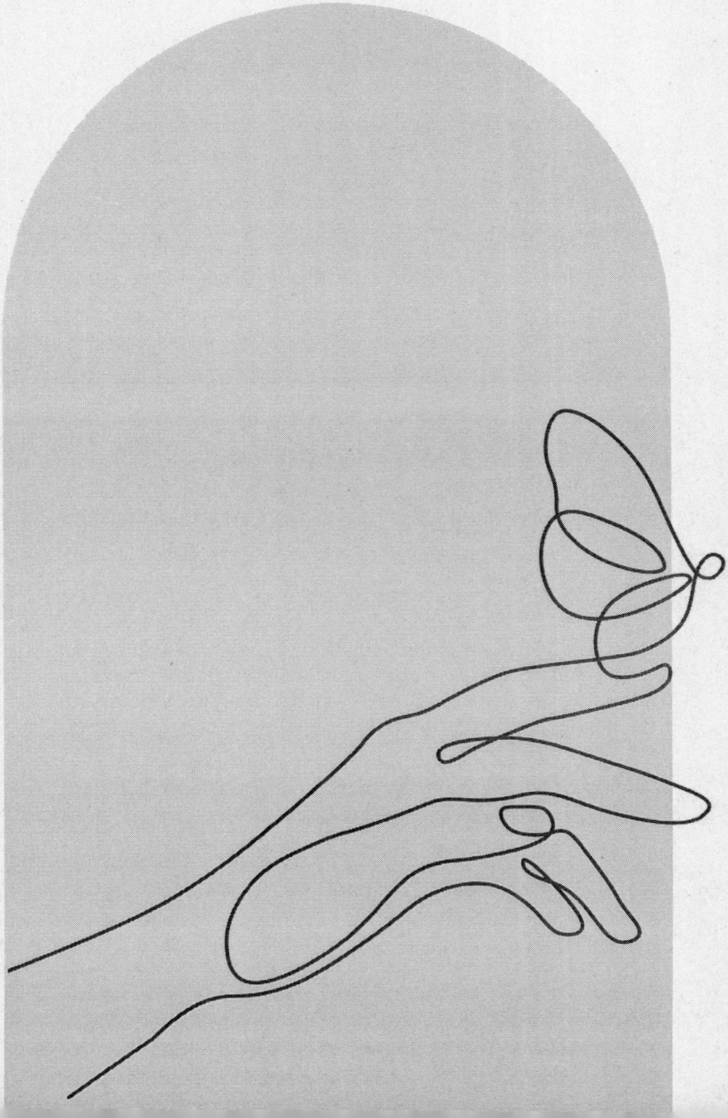

Epígrafe

"A conexão nos dá propósito e significado na vida." — ***Brené Brown***

"Quando escutamos, não estamos apenas esperando nossa vez de falar. Estamos criando o espaço onde o outro pode se tornar quem ele é." — ***Esther Perel***

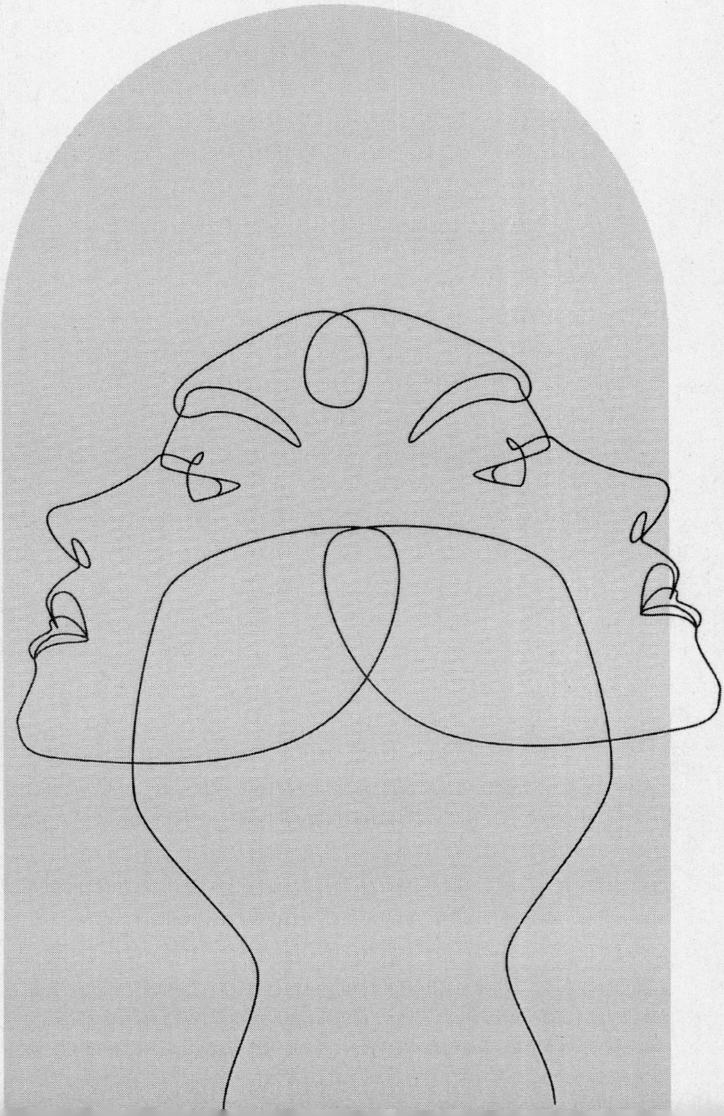

Introdução

O que nos separa e o que nos une?

Vivemos em um tempo paradoxal. Nunca estivemos tão conectados e, ao mesmo tempo, tão distantes. Avançamos na tecnologia, encurtamos distâncias com um clique, mas parece que as gerações nunca falaram línguas tão diferentes. Pais não entendem seus filhos. Jovens não enxergam o valor da experiência dos mais velhos. Profissionais seniores se sentem obsoletos no mercado de trabalho. Empresas tentam acompanhar novas tendências sem perder a sua identidade. O que deu errado?

Talvez a resposta para essa pergunta tenha a ver com empatia — ou melhor, com a *falta* dela.

Nos últimos três anos, eu, **Tati Gracia**, e o professor **Will Fiori** nos juntamos em uma jornada para entender o comportamento das gerações, suas demandas e desafios. Nos debruçamos sobre dados, estudos e, principalmente, sobre histórias reais que ouvimos em salas de aula, empresas, encontros com lideranças e pesquisas de mercado. Levamos este tema para vários cantos do Brasil e do mundo, conversamos com especialistas, empresas, jovens, idosos, famílias e líderes. Em cada conversa, em cada troca, a certeza se fortaleceu: *a empatia é a peça-chave para reconectar as gerações e construir pontes onde hoje existem muros.*

Empatia não é sobre concordar, mas sobre compreender. É sobre olhar para o outro e buscar enxergar o mundo por sua perspectiva, sem julgamentos. Quando aplicamos essa lente ao diálogo entre gerações, percebemos que a desconexão não é inevitável. Pelo contrário, as diferenças podem ser pontes, não barreiras. E é disso que trata este livro.

Testemunhamos uma revolução silenciosa moldada por forças emergentes. A taxa de natalidade cai, enquanto a expectativa de vida sobe. A pirâmide etária está se invertendo.

O conceito de família está se transformando. O impacto da tecnologia na vida das pessoas é profundo, trazendo infinitas possibilidades, mas também desafios inéditos, como a sobrecarga de informação e a fragilidade das relações humanas.

Em meio a esse cenário, cada geração vive suas dores. Os mais jovens enfrentam a síndrome da dopamina, buscando gratificação instantânea. A Geração Sanduíche carrega o peso de cuidar dos pais e dos filhos ao mesmo tempo. Os mais maduros lutam por pertencimento em um mundo que insiste em descartá-los. Em comum, todos buscam sentido, reconhecimento e conexão.

A boa notícia? A empatia pode ser aprendida, treinada e aplicada. Este livro não é — e nem será — estático. Ele é um retrato vivo de tudo que temos explorado e compartilhado ao longo dos últimos anos. Mas ele é apenas um pedaço. Ainda há muito a construir. Ainda há muito a transformar.

Aqui, você encontrará reflexões, provocações e caminhos práticos para fortalecer conexões, construir diálogos mais autênticos e transformar a forma como nos relacionamos com pessoas de diferentes idades. Mais do que isso, este livro é um convite para seguirmos juntos nessa jornada de construção de um mundo mais empático, intergeracional e humano.

Então, que tal darmos esse primeiro passo juntos?

NOVAS FORÇAS EMERGENTES

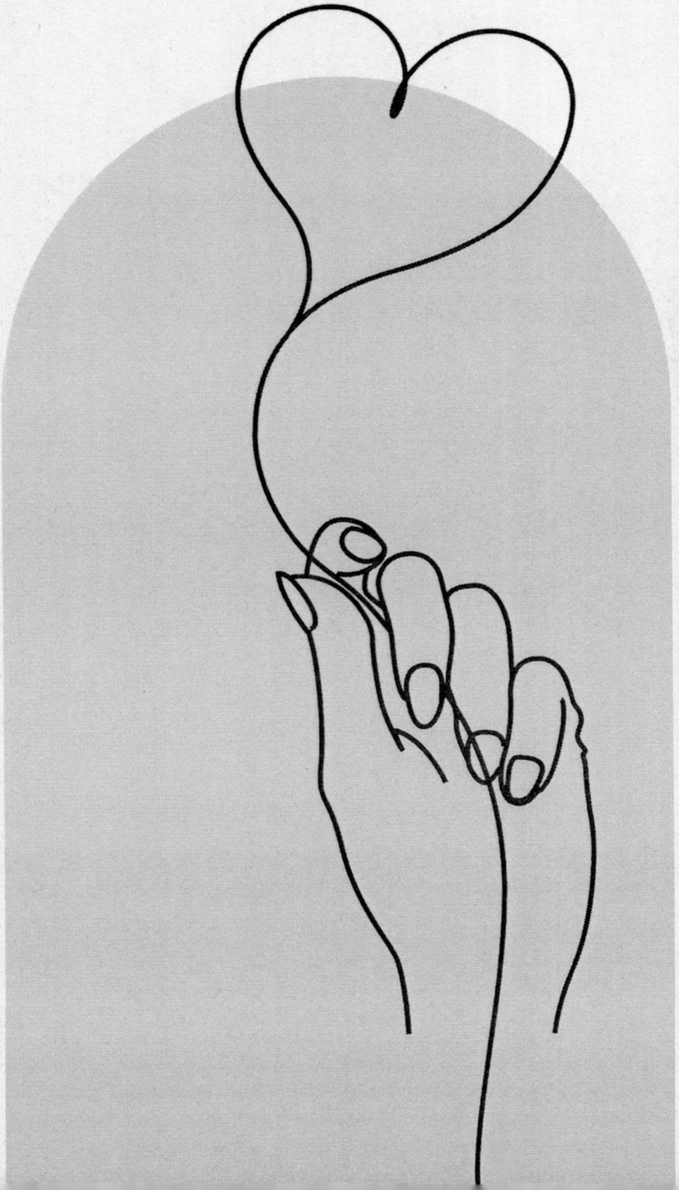

Capítulo 1

Queda da natalidade e a nova dinâmica familiar

Menos nascimentos revelam mais do que estatísticas revelam prioridades.

Estamos vivendo um momento de transição silenciosa, que, embora discreto, está redefinindo profundamente a estrutura social, econômica e cultural do Brasil. Essa mudança não ganha manchetes escandalosas nos noticiários ou provoca debates acalorados nas redes sociais, mas, aos poucos, ela vai se infiltrando em nossas vidas, alterando o tecido da sociedade sem que muitos percebam sua magnitude. Se pudéssemos retroceder no tempo, voltar algumas décadas para observar o Brasil de então, veríamos um país completamente diferente do que conhecemos hoje. Era um país marcado pela juventude, onde famílias numerosas eram a norma e as ruas fervilhavam com crianças brincando. As escolas estavam sempre superlotadas, expandindo suas turmas ano após ano para atender à demanda crescente de novos alunos. A sensação predominante era de abundância populacional: havia sempre jovens prontos para entrar no mercado de trabalho, sustentar a economia e contribuir para a previdência social.

No entanto, essa realidade pertence ao passado. Hoje, estamos testemunhando uma transformação sem precedentes, impulsionada por uma queda vertiginosa da taxa de natalidade. Esse fenômeno está reconfigurando a base da sociedade brasileira, desafiando modelos antigos e forçando-nos a repensar a organização de nossas comunidades, nossas economias e até mesmo de nossas vidas pessoais. O Brasil deixou de ser aquele país de casas barulhentas e ruas cheias de crianças correndo. Agora, somos um país onde menos bebês estão nascendo, onde os lares são mais silenciosos.

Essa mudança é profunda e multifacetada. Ela não se limita apenas às questões demográficas, mas permeia todos os aspectos da vida cotidiana. Do mercado de trabalho à cultura do consumo, das políticas públicas às estruturas familiares, tudo está sendo impactado por esse declínio gradual e contínuo na quantidade de novos nascimentos. E o mais preocupante é que, embora os sinais sejam claros, ainda há uma certa resistência em reconhecer plenamente o alcance dessas mudanças. Estamos diante de um processo irreversível, mas que ainda carece de compreensão ampla e estratégias adequadas para mitigar seus impactos negativos.

Assim, o cenário atual é uma chamada urgente para que todos — governos, empresas, instituições e indivíduos — reflitam sobre o futuro que estamos construindo. Precisamos entender que o Brasil de hoje não é mais o Brasil de ontem e que, se quisermos prosperar nessa nova era, precisaremos abraçar essas mudanças com criatividade, empatia e visão estratégica. O caminho à frente é desafiador, mas também oferece oportunidades únicas para reinventarmos nossa sociedade de formas mais justas, equilibradas e inclusivas para todas as gerações.

Para compreender a dimensão da transformação demográfica que o Brasil enfrenta, é preciso olhar para o histórico da taxa de natalidade ao longo das últimas cinco décadas. Esses dados revelam não apenas uma tendência consistente de queda, como também as profundas mudanças socioeconômicas e culturais que moldaram o comportamento reprodutivo da população brasileira.

DÉCADA DE 1970

> “Explosão populacional e famílias numerosas ainda eram a regra.”

Nos anos 1970, o Brasil vivia um período de crescimento populacional explosivo. Naquela época, a taxa média de fecundidade era de cerca de seis filhos por mulher, refletindo um padrão histórico de famílias grandes e numerosas. Esse número elevado estava intimamente ligado a fatores como a ausência de métodos contraceptivos eficazes, valores culturais e religiosos que incentivavam famílias numerosas, e uma menor participação feminina no mercado de trabalho. Para muitas famílias, ter vários filhos era visto como uma garantia de apoio econômico no futuro, além de ser uma forma de perpetuar tradições familiares.

No entanto, já naquela década começavam a surgir sinais de mudança. O acesso à educação, especialmente para as mulheres, começou a aumentar, e as primeiras políticas públicas de planejamento familiar começaram a ser implementadas. Embora ainda fossem minoria, algumas mulheres passaram a adiar a maternidade ou optar por famílias menores, sinalizando o início de uma transformação que ganharia força nas décadas seguintes.

DÉCADA DE 1980

> “A urbanização e o avanço da educação começaram a mudar a mentalidade reprodutiva.”

Na década de 1980, a taxa de fecundidade caiu significativamente, chegando a aproximadamente quatro filhos por mulher. Esse declínio foi impulsionado por uma combinação de fatores socioeconômicos e culturais. A urbanização intensificada trouxe mudanças significativas no estilo de vida das famílias brasileiras. Migrar para grandes centros urbanos significava enfrentar custos de vida mais altos, o que tornava economicamente inviável manter famílias numerosas. Além disso, o avanço tecnológico e a disseminação de métodos contraceptivos modernos permitiam maior controle sobre decisões reprodutivas.

Como já mencionado, outro fator importante foi o aumento do acesso à educação, entre as mulheres. Com maior escolaridade, elas começaram a priorizar carreiras profissionais e projetos pessoais antes de decidir formar uma família. Essa mudança de paradigma marcou o início de uma nova mentalidade, na qual a maternidade deixou de ser vista como um destino inevitável e passou a ser encarada como uma escolha consciente.

DÉCADA DE 1990

> “Crises econômicas e novos valores consolidaram a tendência de famílias menores.”

Na década de 1990, a taxa de fecundidade continuou sua trajetória descendente, atingindo cerca de 2,5 filhos por mulher. Esse período foi marcado por transformações econômicas e sociais que consolidaram a tendência de famílias menores. A crise econômica dos anos 1980 e início dos anos 1990 levou muitas famílias a repensarem suas prioridades financeiras, optando por ter menos filhos para garantir maior qualidade de vida para os que já existiam.

Além disso, a mentalidade social também sofreu uma transformação marcante. Enquanto anteriormente ter filhos era considerado um destino inevitável, agora a maternidade e a paternidade começaram a ser vistas como opções deliberadas. Muitos casais optaram por adiar a decisão de ter filhos ou tê-los mais tarde, motivados por preocupações financeiras, ambientais ou simplesmente pelo desejo de explorar outras dimensões da vida.

ANOS 2000

> “Chegamos ao limite da reposição populacional, com filhos se tornando um projeto cada vez mais planejado.”

Nos anos 2000, a taxa de fecundidade brasileira atingiu um ponto crítico, aproximando-se do nível de reposição populacional, que é de 2,1 filhos por mulher. No final da década, o índice estava em torno de 2 filhos por mulher, indicando que o Brasil estava prestes a entrar em um cenário de estagnação demográfica. Esse período foi marcado por uma maior conscientização sobre os desafios de criar filhos em um mundo cada vez mais competitivo e globalizado.

O custo de vida continuou a subir, e atividades extracurriculares — como esportes, música e idiomas — tornaram-se essenciais para o desenvolvimento infantil, representando um peso financeiro considerável. A saúde também entrou nessa equação: desde consultas regulares ao pediatra até planos de saúde privados, os custos relacionados ao bem-estar das crianças subiram constantemente. Esses fatores combinados criaram uma pressão enorme sobre os casais que consideravam ter filhos.

DÉCADA DE 2010

> “Ter filhos deixou de ser um destino social e virou uma escolha individual.”

Na década de 2010, a taxa de fecundidade brasileira caiu abaixo do nível de reposição populacional, atingindo 1,7 filho por mulher. Esse declínio foi impulsionado por uma combinação de fatores, incluindo o aumento do custo de vida, a maior participação feminina no mercado de trabalho e uma mudança de mentalidade que valoriza a liberdade individual e a realização pessoal. Para muitos, ter filhos deixou de ser uma expectativa social inquestionável e passou a ser uma escolha que precisa fazer sentido dentro do contexto individual.

A busca por experiências que trazem crescimento e satisfação pessoal, como viagens e hobbies, ganhou destaque. Além disso, a instabilidade econômica e política global criou uma sensação de incerteza constante, levando muitos adultos a questionarem se é justo trazer crianças a um mundo que parece incapaz de oferecer segurança e oportunidades iguais para todos.

ATUALMENTE

> “A fecundidade está em queda histórica e os modelos familiares estão sendo ressignificados.”

Atualmente, a taxa de fecundidade brasileira encontra-se em 1,6 filho por mulher, bem abaixo do nível necessário para manter a população estável. Esse número reflete uma sociedade em transição, onde os valores antes solidificados estão sendo reavaliados e substituídos por novas formas de pensar a vida e suas prioridades. *Para muitos, a decisão de não ter filhos não é uma renúncia, mas uma afirmação de liberdade e propósito*, refletindo uma busca por uma existência mais autêntica e alinhada com aspirações individuais.

Ao comparar as taxas de natalidade do Brasil nos últimos cinquenta anos, fica evidente que estamos diante de uma transformação sem precedentes. De uma média de seis filhos por mulher nos anos 1970, passamos para 1,6 filho por mulher em 2023. Essa queda drástica é um reflexo de mudanças demográficas, bem como de uma evolução cultural, econômica e social que redefine o papel da família e da maternidade na sociedade brasileira.

Linha do tempo da fecundidade no Brasil

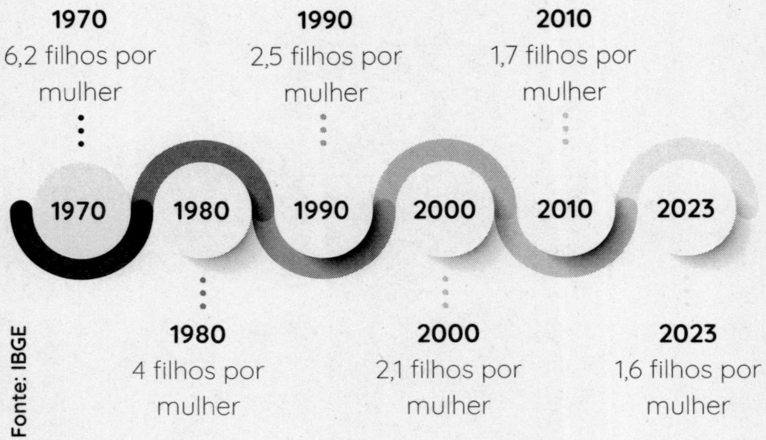

Essa transformação apresenta desafios significativos, como o envelhecimento populacional, a pressão sobre o sistema previdenciário e a necessidade de adaptação do mercado de trabalho. No entanto, também oferece oportunidades únicas para reinventarmos nossa sociedade, promovendo políticas públicas inclusivas, produtos e serviços adaptados às novas demandas e uma cultura que celebre a diversidade familiar.

O futuro do Brasil depende de como escolheremos lidar com essas mudanças. *Ao abraçar a diversidade e promover soluções inovadoras, podemos construir uma sociedade mais equilibrada, justa e inclusiva para todas as gerações.*

Com menos jovens ingressando no mercado de trabalho e mais pessoas se aposentando, o equilíbrio financeiro do sistema entra em risco. Países como o Japão já enfrentam esse desafio, implementando políticas para incentivar a permanência de idosos no mercado de trabalho. No Brasil, será necessário adotar medidas semelhantes, incluindo reformas na legislação trabalhista.

Outro impacto significativo é a mudança no perfil do consumo. Setores tradicionalmente voltados para o público infantil, como escolas, fabricantes de brinquedos e marcas de roupas infantis, estão enfrentando uma transformação inevitável. Empresas precisam repensar suas estratégias para atrair outros segmentos de mercado, como consumidores mais velhos ou casais sem filhos. Por outro lado, a demanda por produtos e serviços destinados a idosos está crescendo rapidamente, impulsionando setores como turismo, saúde e tecnologia assistiva.

TECNOLOGIA ASSISTIVA

Tecnologia assistiva é o conjunto de recursos e serviços — como produtos, equipamentos, dispositivos, métodos, estratégias, práticas e atendimentos — que têm como objetivo melhorar a funcionalidade, promover autonomia e independência, além de garantir mais qualidade de vida e inclusão social para pessoas com deficiência ou mobilidade reduzida.

A estrutura familiar também vem sendo redefinida. O conceito tradicional de família, definido pela união de pai, mãe e filhos, já não é o único modelo dominante. Hoje, temos casais sem filhos, famílias monoparentais, avós criando netos e até famílias multiespécies, em que os pets ocupam um papel central. Essa diversificação exige adaptações em políticas públicas, produtos e serviços para atender às novas demandas.

Para muitos, a decisão de não ter filhos não é uma renúncia, mas uma afirmação de liberdade e propósito.

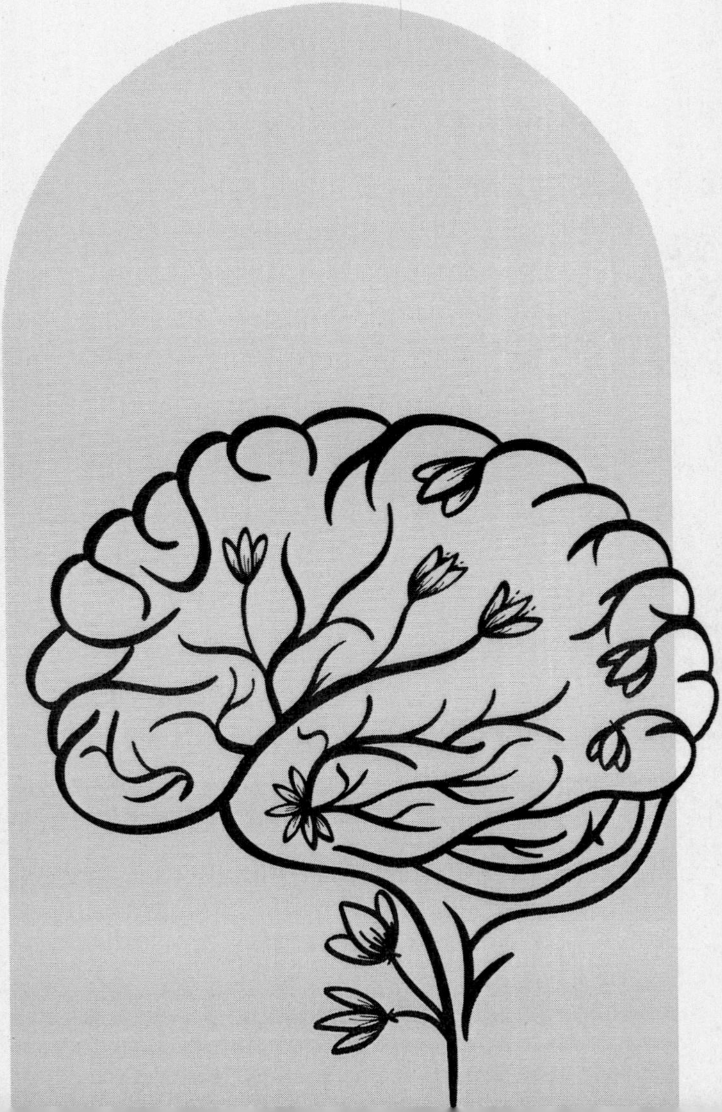

Capítulo 2

Revolução da longevidade

O Brasil está envelhecendo mais rápido do que está se preparando para isso.

Feche os olhos por um instante e tente imaginar o Brasil daqui a trinta anos. Como será esse país em um futuro que já se desenha nas linhas do presente? Quem ocupará os escritórios cheios de papéis ou telas piscantes, as fábricas com suas linhas de produção zumbindo, as salas de aula onde ecoam perguntas curiosas, ou os consultórios médicos com seus estetoscópios e promessas de cuidado? Quem serão os consumidores empurrando carrinhos barulhentos pelos corredores dos supermercados, navegando em aplicativos com dedos ágeis ou hesitantes, planejando viagens para destinos exóticos ou apenas para a cidade ao lado, escolhendo hobbies que vão desde pintar aquarelas até aprender a dançar salsa? Como estarão as famílias — ainda reunidas em torno de mesas fartas em almoços dominicais, com pratos cheios e histórias que atravessam gerações, ou transformadas por novas dinâmicas, com casas mais silenciosas e encontros menos frequentes? Será que as ruas ainda vibrarão com o som de crianças brincando, correndo atrás de pipas ou chutando bolas improvisadas, ou esse barulho será mais raro, sobreposto por uma paisagem tomada por cabelos grisalhos, rugas marcadas e passos cuidadosos? Se pararmos para refletir, já estamos imersos em uma transformação silenciosa, quase invisível no frenesi do dia a dia, que está redesenhando a estrutura social e econômica do Brasil com uma força que não podemos ignorar, uma mudança que pulsa em cada rua, em cada lar, em cada escolha que fazemos ou deixamos de fazer.

O Brasil já não é mais um país jovem, uma nação definida apenas pela energia efervescente de sua juventude. A cada 20 segundos, um novo brasileiro completa cinquenta anos, cruzando uma linha que, além de cronológica, é simbólica, um marco de entrada em uma nova fase da vida. A cada 25 segundos, alguém chega aos sessenta anos, carregando consigo décadas de experiências, aprendizados, sonhos e expectativas que moldaram sua trajetória. Atualmente, mais de 56 milhões de brasileiros têm cinquenta anos ou mais, um número que cresce como uma onda impossível de deter.

Envelhecimento da população brasileira
2024: 56 milhões com 50+
2050: 67 milhões (40% da população)
1 pessoa completa 60 anos a cada 25 segundos

Fonte: IBGE / ONU

Em 2050, as projeções indicam que esse grupo ultrapassará 67 milhões de indivíduos, representando quase 40% da população total do país. Para dar uma dimensão concreta a essa escala, imagine que, se todos os brasileiros com cinquenta anos ou mais formassem uma nação independente, ela seria mais populosa que a França, com suas ruas elegantes e cafés históricos, que a Argentina, com seus pampas vastos e sua paixão ardente, ou que a África do Sul, com suas montanhas imponentes e sua história de superação. Esse não é apenas uma curiosidade para conversas casuais — é evidência de *uma revolução da longevidade que está redefinindo quem somos como povo, como economia, como cultura*, em um movimento que exige que olhemos para o futuro com atenção, responsabilidade e um senso de urgência que não podemos mais adiar.

Longe de ser apenas estatística fria, essa transformação demográfica é um novo roteiro para a vida em sociedade — um que exige mais empatia, planejamento e ação coletiva. Ela está alterando o Brasil de maneira profunda, multifacetada, quase poética em sua complexidade, como uma tapeçaria tecida com fios de desafios e possibilidades. A longevidade, que por séculos foi um privilégio raro, reservado a poucos que contrariavam as probabilidades com saúde excepcional ou sorte, tornou-se a norma para milhões de brasileiros. E com essa nova realidade emergem questões que não podemos mais postergar, perguntas que nos levam a repensar tudo o que sabemos sobre viver, trabalhar, consumir e envelhecer.

Peter Attia, médico e autor que trouxe essa discussão ao palco do SXSW 2025, lançou uma pergunta que ressoa como um alerta: estamos preparados para viver esses anos extras com saúde, autonomia e bem-estar, ou apenas para sobreviver, arrastando-nos até o fim em uma existência marcada por limitações e fragilidade? "O maior erro da medicina moderna é tratar as doenças só quando elas já se instalaram, e não antes que tomem conta", ele afirma, destacando que o verdadeiro desafio da longevidade não é apenas evitar a morte precoce, mas "chegar aos oitenta anos com energia suficiente para aproveitar a vida, e não apenas existir, preso a uma rotina de consultas e remédios". O médico-gerontólogo brasileiro Alexandre Kalache, uma voz respeitada mundialmente no estudo do envelhecimento, reforça essa ideia: "Não existe envelhecimento bem-sucedido sem planejamento." Este capítulo mergulha de cabeça nessa revolução da longevidade, explorando como ela está transformando o mercado de trabalho, o consumo, a saúde pública, a previdência social e até mesmo a forma como enxergamos o ato de envelhecer no Brasil — um país que, ao contrário de nações como Japão ou Itália, enfrenta essa transição em meio a desigualdades históricas, infraestrutura em construção e uma sociedade que ainda está aprendendo a acolher essa nova realidade.

Os números contam uma história que impressiona pela sua escala e velocidade. Na década de 1960, a expectativa de vida no Brasil girava em torno de 53 anos — uma existência que mal ultrapassava a meia-idade, muitas vezes interrompida por doenças infecciosas como tuberculose ou febre amarela, por falta de acesso a saneamento básico que deixava a água contaminada, ou por uma mortalidade infantil que roubava futuros antes mesmo de começarem. Atualmente, essa expectativa ultrapassa os 76 anos, um salto que reflete décadas de progresso: a criação do Sistema Único de Saúde (SUS), que levou vacinas contra poliomielite e médicos a rincões antes isolados; a ampliação da educação pública sobre saúde, que ensinou às pessoas como lavar as mãos ou evitar alimentos estragados; os avanços tecnológicos, como exames de imagem que detectam tumores logo no começo ou medicamentos que controlam a pressão alta; e mudanças culturais, como a queda no consumo de cigarros e uma atenção crescente à alimentação, mesmo que ainda desigual entre as classes sociais.

As projeções para 2050 apontam que alcançaremos quase 82 anos, um número que nos coloca mais próximos de países desenvolvidos como Canadá ou Suécia. Mas esses ganhos não vêm sem um custo: eles trazem o envelhecimento populacional acelerado, uma mudança que está virando o Brasil de pernas para o ar. Atualmente, os brasileiros com cinquenta anos ou mais representam mais de 25% da população total, um quarto de todos nós. Em regiões como o Sudeste — com suas metrópoles pulsantes como São Paulo, onde o trânsito engole horas, e Rio de Janeiro, com suas praias cheias de vida — ou o Sul — com cidades como Porto Alegre e Curitiba, marcadas por invernos frios e planejamento urbano —, esse percentual ultrapassa os 30%, refletindo o impacto de melhores condições de vida, acesso a hospitais e uma urbanização que concentrou serviços. Em 2050, um em cada três brasileiros terá mais de cinquenta anos, alinhando o país a nações como o Japão, com suas ruas cheias de idosos ativos andando de bicicleta, ou Alemanha, com seus sistemas robustos de suporte a essa faixa populacional. A diferença crucial, porém, é que o Brasil passa por essa transição em um contexto de contrastes gritantes — enquanto alguns têm acesso a planos de saúde privados e academias equipadas, outros enfrentam filas em postos de saúde precários ou vivem em áreas rurais nas quais o médico mais próximo está a horas de distância, tornando o desafio ainda mais complexo e premente.

O ritmo dessa transformação é quase impossível de acompanhar com indiferença. *A cada minuto, três brasileiros completam cinquenta anos — são 180 novos sujeitos maduros por hora, mais de quatro mil por dia, cerca de 1,5 milhão por ano*. Enquanto você lê estas linhas, dezenas de pessoas cruzaram essa fronteira invisível, cada uma carregando uma bagagem única de experiências, sonhos, frustrações e necessidades que o Brasil precisa acolher e entender. Esse fluxo constante é como uma corrente que arrasta tudo em seu caminho, redesenhando a sociedade em tempo real. Pense no impacto disso: em apenas uma manhã, enquanto você toma café, lê o jornal ou planeja o dia, mais de duas mil pessoas entram na faixa dos 50+, levando consigo demandas que vão desde consultas médicas mais frequentes para checar o colesterol até produtos que reflitam suas novas necessidades, como tênis confortáveis ou celulares fáceis de usar. Em uma semana, são dezenas de milhares; em um mês, mais de 120 mil; em um ano, um exército de novos maduros que não para de crescer.

Essa dinâmica tem implicações diretas em áreas como a saúde, em que hospitais e clínicas precisam se preparar para uma população que vive mais e enfrenta doenças crônicas — como diabetes, hipertensão ou artrite; a previdência, com mais aposentados dependendo de menos trabalhadores ativos; o mercado de trabalho, onde os maduros buscam espaço para continuar contribuindo com sua experiência; e o consumo, com um público que redefine o que significa comprar, investir e viver na maturidade. Ignorar essas mudanças é como tentar segurar água com as mãos — ela escapa, e o que resta é a certeza de que precisamos agir, planejar e nos adaptar. Peter Attia coloca isso em termos simples, mas poderosos: *"Você pode ignorar seu envelhecimento, mas ele não vai ignorar você."* Longevidade não é um presente que recebemos sem esforço; é uma construção que exige planejamento, tanto no nível individual — cuidando do corpo e da mente —, quanto no coletivo, com políticas públicas que preparem o Brasil para esse futuro que já está batendo à porta.

Essa revolução da longevidade vai muito além de simplesmente viver mais anos: é sobre viver melhor. Essa distinção é definida por Attia como *lifespan* (tempo de vida) versus *healthspan* (qualidade de vida). Desde o século XIX, a ciência dobrou o *lifespan* humano com avanços como o saneamento básico, que eliminou epidemias de cólera e tifo, os antibióticos, que combateram infecções que antes matavam em dias, e as cirurgias modernas, que transformaram corações frágeis em máquinas resilientes. No Brasil, esse progresso é palpável: em 1900, poucos chegavam aos quarenta anos; hoje, muitos ultrapassam os oitenta, caminhando pelas praças ou conversando em bares com uma vitalidade que seus bisavós não sonhariam.

> "Viver mais é um avanço; viver melhor é o verdadeiro desafio."

De que adianta adicionar décadas à existência se elas forem marcadas por fragilidade física, como joelhos que não sustentam mais uma caminhada, dependência de cuidadores para tarefas simples como tomar banho, ou um sofrimento que apaga a alegria de levantar da cama? Attia questiona: estamos realmente preparados para esses anos extras, ou apenas adiando o inevitável com uma combinação de remédios e máquinas que mantêm o funcionamento do corpo, mas não a plenitude da vida? A geração que envelhece agora não quer ser invisível, não aceita ser empurrada para os cantos da sociedade como um fardo a ser carregado pelos mais jovens ou pelo governo. Ela rejeita os estereótipos que pintam a velhice como decadência e exige um novo imaginário social: o de uma maturidade ativa, potente e valorizada. A revolução da longevidade não é sobre viver mais — é sobre viver melhor, com dignidade, propósito e conexão. Que saibamos acompanhar esse novo tempo com a coragem de quem não teme o futuro, mas o constrói com empatia.

Para muitos, envelhecer é sinônimo de liberdade — a oportunidade de realizar projetos adiados por décadas de trabalho árduo, como abrir uma lojinha no bairro para vender artesanato, viajar para o Nordeste e sentir o sol quente na pele, ou aprender a tocar violão em um curso comunitário. Pense em uma mulher de 72 anos que, após anos cuidando da família, decide finalmente fazer um curso de fotografia e sai pelas ruas capturando imagens de pássaros e flores. Ou em um homem de 68 anos que, livre das pressões do emprego formal, monta uma pequena oficina de consertos em casa, reparando bicicletas para os vizinhos. Para outros, porém, envelhecer é um terreno de incertezas e sombras — finanças que não acompanham a inflação após anos de empregos informais sem carteira assinada, filas intermináveis por consultas médicas em postos de saúde lotados, um sistema previdenciário que promete segurança mas entrega cheques magros e preocupações constantes. Aqui surge uma provocação que não podemos evitar: *o Brasil está pronto para essa mudança?* Estamos preparados para valorizar essa população madura como um ativo essencial, uma fonte de experiência e vitalidade, ou ainda estamos presos a uma visão ultrapassada que enxerga a longevidade como um problema a ser gerenciado, uma despesa a ser cortada dos orçamentos públicos e privados? Kalache é direto e incisivo: "Envelhecer bem é um processo que começa cedo, e quanto antes começarmos, melhor." *Não se trata apenas de estender a vida com máquinas que bipam em hospitais ou comprimidos que enchem caixas de remédios; é preciso preenchê-la com propósito, conexões humanas e autonomia física e mental*, transformando os anos extras em algo que valha a pena ser vivido.

Attia propõe uma abordagem prática para alcançar essa qualidade de vida, algo que ele chama de *Decatlo do Centenário*. Imagine escolher dez habilidades que você quer manter até os oitenta ou noventa anos — coisas simples, mas profundamente significativas, que definem o que é viver bem para você. Talvez seja carregar suas sacolas do mercado sem precisar de ajuda, subir dois lances de escada sem sentir o coração disparar ou as pernas fraquejarem, lembrar o nome de um amigo de infância sem hesitar, ou resolver um quebra-cabeça com os netos em uma tarde chuvosa. Assim que as definir, comece a treinar para essas metas: fortaleça os músculos com caminhadas diárias pelas ruas do bairro ou pesos leves levantados em casa; exercite o cérebro com leituras desafiadoras como romances históricos ou jogos de palavras cruzadas; cuide do coração com uma dieta que troque frituras por frutas frescas e grãos integrais. "Se você quer força aos oitenta, precisa trabalhar os músculos agora. Se quer memória afiada, comece a exercitar o cérebro hoje", Attia insiste, com uma lógica que é ao mesmo tempo óbvia e revolucionária.

No Brasil, essa ideia exige mais do que esforço individual — ela pede uma cultura gerontológica, uma mentalidade coletiva que não apenas aceite o envelhecimento como inevitável, mas o celebre como uma fase rica, produtiva e essencial da vida, reconhecendo os maduros como protagonistas ativos, não como coadjuvantes passivos à espera do fim. Durante muito tempo, a velhice foi vista como um peso, uma etapa de retirada em que as pessoas se afastavam do trabalho, da vida social, da relevância — o avô na cadeira de balanço, contando histórias antigas, enquanto os mais jovens seguiam em frente, ou a avó tricotando em silêncio enquanto o mundo girava sem ela. Os 50+ de hoje desafiam essa narrativa com uma energia que não se encaixa em moldes antigos. Eles querem continuar ativos, trabalhando em projetos que amam, seja vendendo bolos caseiros ou dando aulas de artesanato; participando de comunidades locais, como grupos de caminhada ou corais de igreja; aprendendo coisas novas em cursos presenciais nas praças ou online em plataformas gratuitas. Eles querem ser vistos, não escondidos; querem ser produtivos, não descartados; querem ser parte do presente, não apenas relíquias de um passado distante.

Essa mudança de perspectiva é o alicerce de uma cultura gerontológica que precisamos adotar — uma visão que valoriza a experiência acumulada ao longo de décadas, a sabedoria prática de quem enfrentou crises e as superou, a resiliência de quem viveu o suficiente para saber que o tempo é um mestre exigente, mas generoso. Sem essa transformação, corremos o risco de tratar milhões de brasileiros como um problema estatístico, uma linha incômoda em planilhas de gastos públicos, em vez de uma oportunidade vibrante para crescer como nação, aproveitando o potencial de uma geração que tem muito a oferecer. A *economia prateada* é um dos sinais mais claros e tangíveis dessa revolução em andamento. Esse grupo já movimenta mais de R$ 2 trilhões por ano no Brasil, uma quantia que poderia construir estradas, financiar universidades, equipar hospitais inteiros. Esse mercado cresce três vezes mais rápido que qualquer outro segmento da economia, um ritmo que reflete o poder de consumo exponencial e diversificado dos maduros. Nos Estados Unidos, 25% de todo o consumo já pertence a essa faixa etária, com gastos que vão de carros novos para viagens longas a pacotes turísticos de luxo para destinos como Paris ou Nova York. No Brasil, esse número está em ascensão, e não há dúvidas de que os maduros são o público do futuro — ou melhor, do presente que já chegou e está batendo à porta das empresas, exigindo atenção.

Mesmo assim, muitas empresas resistem em enxergá-los como protagonistas, como se fossem um nicho secundário em vez de uma prioridade central que define o rumo do mercado. A publicidade ainda foca em rostos jovens e corpos perfeitos, como se a juventude fosse o único ideal a ser vendido. Propagandas de refrigerantes mostram adolescentes rindo na praia, campanhas de roupas exibem modelos de vinte anos desfilando em passarelas. A moda desenha peças para silhuetas juvenis, com cortes justos e tamanhos que ignoram as mudanças naturais do corpo. A tecnologia assume que todos têm reflexos rápidos e olhos perfeitos, criando aplicativos com letras minúsculas e comandos complicados que frustram quem tem mãos trêmulas ou visão embaçada. *Por muito tempo, o mundo foi projetado para os novos, como se envelhecer fosse uma exceção rara, uma anomalia a ser evitada, não a regra inevitável que todos enfrentaremos.*

Entretanto, essa lógica está desmoronando — e rápido — diante de uma geração que não se encaixa nos moldes antigos. A geração prateada de hoje não aceita ser tratada como seus avós foram — figuras frágeis, relegadas a propagandas de planos funerários, retratadas como se a vida ativa terminasse aos sessenta. Anúncios que mostram caricaturas de uma velhice frágil e desconectada não são mais bem aceitos. O público maduro quer produtos que conversem com seu estilo de vida — calçados confortáveis que permitam caminhar por horas sem dor, smartphones com telas grandes e comandos simples que os conectem aos filhos e ao mundo, serviços financeiros que respeitem suas prioridades de poupança ou aposentadoria. São pessoas dispostas a gastar — e gastam muito —, mas esperam que as empresas entendam suas necessidades e ofereçam soluções que as incluam.

Pense em um casal de setenta anos planejando uma viagem para o exterior. Eles não querem pacotes genéricos cheios de correria, mas roteiros que combinem conforto com um toque de aventura, como hotéis com acessibilidade e passeios que incluam paradas para descanso. Uma mulher de 65 anos comprando um celular não quer algo cheio de funções confusas que nunca usará, e sim um aparelho que a conecte aos netos com chamadas de vídeo fáceis ou que permita pedir comida em casa com poucos cliques. Empresas que continuam focadas apenas nos jovens, como se os maduros fossem um mercado menor ou menos lucrativo, estão perdendo espaço para aquelas que já perceberam o óbvio: a economia prateada não é uma tendência passageira que vai desaparecer em poucos anos, é uma realidade sólida e crescente que está transformando o Brasil em tempo real, redefinindo prioridades econômicas e exigindo uma resposta imediata do mercado. E essa resposta começa com o entendimento da diversidade dentro desse grupo. Os maduros não são um bloco homogêneo, uma massa uniforme que pode ser tratada com uma única estratégia; eles são um mosaico rico e complexo de experiências, desejos, necessidades e comportamentos que desafiam qualquer tentativa de simplificação ou generalização.

O mercado de trabalho é outro campo profundamente afetado por essa revolução. O modelo atual, em que as pessoas se aposentam aos 62 ou 65 anos, foi desenhado para uma época em que poucos viviam além dos 65 — uma realidade que ficou no passado. Atualmente, com brasileiros chegando aos 80 ou até 90 anos com saúde razoável, descartar profissionais experientes por causa da idade é um desperdício colossal. Para as empresas, isso significa abrir mão de décadas de conhecimento prático — o engenheiro que sabe como evitar erros caros em projetos grandes, a secretária que organiza equipes com uma eficiência quase mágica, entre outros. Para a sociedade, aposentadoria precoce sobrecarrega sistemas como o previdenciário, que dependem de contribuições de trabalhadores ativos para pagar benefícios. Muitos maduros querem continuar no mercado — alguns por necessidade financeira, após anos de salários instáveis ou empregos informais sem aposentadoria garantida; outros por prazer, porque o trabalho lhes dá propósito, estrutura, uma razão para sair da cama e se sentirem úteis. Mas as portas estão fechadas, trancadas por preconceitos que associam idade a lentidão ou desatualização. Empresas preferem contratar jovens, mesmo que isso sacrifique a profundidade que a experiência traz, como se a juventude fosse sinônimo de inovação e a maturidade, de obsolescência.

Peter Attia compara isso a uma falha de manutenção: "Esperar o carro quebrar para trocar o óleo é como cuidar da saúde só quando algo dá errado." O mesmo se aplica ao trabalho, pois aposentar os maduros cedo e ignorar seu potencial representa uma falta de planejamento que custa caro, tanto em termos econômicos quanto humanos. Uma cultura gerontológica no mercado de trabalho significa valorizar a longevidade como um ativo, não um ônus. É preciso criar programas de requalificação profissional, como cursos de tecnologia ou aplicativos de gestão; organizar horários flexíveis que respeitem as necessidades físicas, como trabalho em meio período sem que se perca a relevância; desenvolver funções estratégicas que aproveitem a experiência, como consultorias internas em que os maduros analisem processos ou treinamentos em que possam compartilhar lições aprendidas durante décadas, entre outras alternativas.

Empresas que adotam essa visão criam ambientes resilientes e inovadores. Os maduros trazem estabilidade e visão de longo prazo, enquanto os jovens injetam energia e ousadia. Pense em um engenheiro de 62 anos guiando uma equipe de recém-formados em um projeto de construção, apontando falhas que só a experiência enxerga, ou uma administradora de 58 anos ensinando gestão de crises a partir de situações reais que enfrentou nos anos 1980. Esse intercâmbio geracional é um diferencial competitivo que precisa ser abraçado, dando fim à cultura do descarte que trata os maduros como peças substituíveis.

> "Desperdiçar a experiência é desperdiçar a inteligência acumulada."

A previdência social, sob uma pressão que cresce a cada dia, é como uma represa que ameaça ceder. O sistema atual foi projetado para uma realidade em que as pessoas viviam menos. Na década de 1950, havia muitos jovens contribuindo com impostos e poucos idosos recebendo benefícios, uma equação que funcionava sem grandes crises. Hoje, essa balança está desequilibrada e, em poucos anos, teremos mais aposentados do que trabalhadores ativos. Em cidades como Porto Alegre, com seus bairros residenciais cheios de idosos passeando com cachorros, ou Belo Horizonte, onde os parques estão repletos de pessoas com cabelos brancos, já vemos o impacto dessa mudança. Os idosos superam os jovens em número, e essa tendência só aumenta.

Reformas previdenciárias foram implementadas — como o aumento da idade mínima para aposentadoria, em 2019 —, mas elas são apenas um remendo em um sistema que precisa de uma transformação mais profunda. Kalache é categórico: "Ninguém envelhece sozinho." Manter os maduros no mercado de trabalho, com adaptações que podem incluir jornadas reduzidas e mais flexíveis, bem como capacitação contínua que os deixe sempre atualizados, é parte da solução. Assim, reduz-se a pressão sobre a previdência pública e se oferece às pessoas a chance de continuar sustentando a si mesmas. Só que isso não basta. Uma cultura gerontológica na previdência também significa incentivar a poupança privada desde cedo. Tudo pode começar com campanhas nas escolas que ensinem adolescentes a guardar um percentual do primeiro salário, planos acessíveis de aposentadoria complementar, uma mentalidade que veja o futuro como algo a construir com cuidado, não a temer com desespero. Sem essas medidas, o peso recairá sobre as gerações mais novas, que terão de manter um sistema insustentável, e o colapso será inevitável, deixando milhões sem segurança na velhice.

A saúde pública enfrenta um desafio igualmente monumental, talvez o mais visível de todos. O aumento da população madura eleva a demanda por serviços médicos, o que envolve consultas frequentes para controlar problemas de pressão, tratamentos prolongados para diabetes que exige injeções diárias, cirurgias para articulações desgastadas por anos de trabalho físico etc. O Brasil, infelizmente, ainda tem um sistema voltado para atender emergências, e não preveni-las. Os hospitais estão sempre lotados lidando com vítimas de acidentes de trânsito ou acometidas por surtos de dengue, por exemplo, enquanto os idosos precisam ter suas demandas atendidas em meio ao tumulto.

Attia destaca: "O exercício é um medicamento natural contra a fragilidade." Estudos da USP mostram que idosos fisicamente ativos, seja caminhando nos parques arborizados ao amanhecer, fazendo pilates em academias comunitárias, ou dançando forró em festas de bairro, têm 30% menos risco de desenvolver doenças cardiovasculares, além de manterem a mobilidade para subir escadas e a independência para cuidar de si mesmos por mais tempo. Kalache reforça que a prevenção deve começar na juventude. Programas de educação alimentar nas escolas que ensinem a trocar refrigerantes por sucos naturais, campanhas contra o sedentarismo que levem crianças a brincar ao ar livre, acesso a exames básicos como hemogramas que detectem problemas antes de se tornarem crises, entre outras medidas, são exemplos de uma postura preventiva. Uma cultura gerontológica na saúde significa investir em atenção primária — postos de saúde equipados em cada bairro, com enfermeiras que conheçam os pacientes pelo nome; médicos treinados para atender idosos, entendendo que uma dor nas costas pode ser mais do que cansaço; psicólogos que façam parte da equipe multiprofissional, tecnologias como telemedicina que levem consultas a áreas remotas. Sem isso, o sistema continuará reagindo, não prevenindo, e os maduros pagarão o preço — filas longas, leitos insuficientes e um atendimento precário que os deixa mais vulneráveis.

A solidão é outro inimigo silencioso que uma cultura gerontológica precisa enfrentar com urgência. A ciência mostra que o isolamento social aumenta em 50% o risco de doenças cardíacas, e segundo a Fiocruz, é um dos principais fatores de demência e depressão na terceira idade, corroendo a mente tanto quanto uma doença física corrói o corpo. Attia alerta: "Podemos treinar o corpo e a mente, mas se não tivermos com quem compartilhar nossa vida, a longevidade vira um fardo." No Brasil, isso é visível em cidades grandes como São Paulo, onde idosos vivem sozinhos em apartamentos minúsculos, olhando pela janela enquanto o trânsito engole a cidade, ou em áreas rurais do interior de Goiás, de onde os filhos desses idosos emigraram em busca de trabalho, deixando os pais com a companhia apenas do rádio. O Estudo Longitudinal da Saúde dos Idosos Brasileiros (ELSI-Brasil) indica que aqueles com redes sociais e familiares sólidas (amigos para um café na padaria da esquina, netos que aparecem para uma visita barulhenta, vizinhos que batem à porta para oferecer um bolo) têm taxas mais baixas de declínio cognitivo, mantendo a memória afiada e o humor leve. Construir comunidades fortes é essencial, e isso pode ser estimulado em centros de convivência, em grupos de voluntariado que os levem a ensinar crianças em escolas públicas, em eventos intergeracionais e afins. Essas conexões são tão vitais quanto remédios.

> "A longevidade não é só física, é social, emocional, e profundamente humana."

A saúde emocional é um pilar que não pode ser ignorado, uma dimensão que complementa o corpo e a comunidade. Attia diz: "Há um limite para o que a medicina pode fazer. Se você não encontrar propósito e alegria, nenhum remédio resolverá." Ter um propósito — seja cuidar de um jardim com rosas vermelhas que florescem na primavera, ensinar algo aos mais jovens como costura ou carpintaria, ou abrir um pequeno negócio como uma vendinha de doces – reduz em 40% o risco de depressão na velhice, segundo a Fiocruz. No Brasil, mais de 20% dos novos empreendimentos são criados por pessoas 50+, de cafeterias charmosas em cidades pequenas do interior paulista, cujo cheiro de café fresco atrai os vizinhos, a startups digitais que vendem artesanato online para clientes no exterior. O número de idosos matriculados em universidades nunca foi tão alto. Eles estudam História para entender o passado, idiomas como inglês para viajar, tecnologia para dominar o celular que os filhos lhes deram, provando assim que envelhecer é continuar aprendendo, não parar no tempo. Práticas como meditação, oferecidas em grupos comunitários nas praças de Curitiba, ou terapia acessível em clínicas públicas do SUS em Salvador fortalecem a resiliência emocional, ajudando os maduros a enfrentarem perdas como a morte de um amigo ou a saída dos filhos de casa, e a encontrar novos começos.

Essa revolução exige uma cultura gerontológica em todos os níveis, uma visão que abandone o etarismo, que veja o envelhecimento como uma força vibrante, não uma fraqueza a ser escondida. Precisamos de políticas que incluam os maduros no mercado de trabalho, com incentivos para empresas que os contratem. Precisamos de espaços públicos acessíveis, como parques e outras instalações com rampas e bancos; de produtos que atendam suas necessidades diversas; de ambientes que os valorizem como agentes ativos. Precisamos de uma mentalidade que celebre a experiência e a contribuição de quem viveu décadas, transformando a longevidade em um motor de crescimento social, econômico e cultural. O Brasil está mais maduro, mais experiente, mais longevo. A questão que fica é: vamos ignorar essa transformação, tratando-a como um peso a ser carregado, ou vamos abraçá-la, construindo um futuro em que todas as gerações tenham espaço, voz e propósito? Kalache, mais uma vez, resume com simplicidade e força: "O envelhecimento é uma construção diária, e cada escolha conta." O futuro não está a caminho, ele *já chegou*, e nós somos os responsáveis por moldá-lo, passo a passo, escolha por escolha, com a coragem de olhar para os maduros não como um desafio, mas como uma riqueza que define quem somos e quem podemos ser.

Uma revolução da longevidade está redefinindo quem somos como povo, como economia, como cultura.

Capítulo 3

Saúde e estilo de vida no mundo atual

Vivemos
conectados
a tudo e
desconectados
de nós
mesmos.

A pandemia da COVID-19, que assolou o mundo a partir de 2020 e perdurou alguns anos, nos ensinou que a saúde é um bem inegociável. Durante muito tempo, tratamos o cuidado com o corpo e a mente como um detalhe, algo a ser priorizado apenas quando houvesse tempo, dinheiro ou necessidade urgente. Mas, de repente, fomos forçados a olhar para a saúde de uma maneira completamente diferente. O isolamento social, a incerteza sobre o futuro, o medo da morte e a vulnerabilidade transformaram nossa relação com o bem-estar próprio, fazendo com que milhões de pessoas no mundo todo passassem a enxergar a saúde como um compromisso diário, e não como reação tardia a problemas já instalados. Essa mudança de mentalidade foi acompanhada por uma série de reflexões que moldaram a forma como pensamos, agimos e vivemos.

A transição da medicina curativa para a medicina preventiva se intensificou nesse período. Antes, a lógica era simples: se adoecemos, tratamos. A saúde era vista como um recurso a ser acionado apenas em momentos de crise, e os profissionais médicos eram chamados para resolver problemas que já estavam avançados. Isso está mudando. O foco deixou de ser apenas o tratamento de doenças e passou a ser a prevenção. A sociedade começou a perceber que cuidar da saúde não pode ser um evento isolado, mas sim um processo contínuo, no qual pequenos hábitos fazem toda diferença a longo prazo. Passamos a nos preocupar mais com a alimentação, com o sono, com o impacto do estresse e com a qualidade das nossas relações sociais. Aplicativos de meditação e *mindfulness* registraram um crescimento recorde durante a pandemia, com plataformas como Headspace e Calm relatando aumentos de até 300% no número de downloads. Da mesma forma, a busca por terapia online disparou, refletindo uma maior conscientização sobre a importância do autocuidado e do equilíbrio emocional.

A tecnologia desempenhou um papel fundamental nessa mudança de comportamento. Com o avanço da telemedicina e o desenvolvimento de dispositivos inteligentes, nunca foi tão fácil monitorar a própria saúde. Hoje, um simples smartwatch pode medir a frequência cardíaca, os níveis de estresse e até a qualidade do sono, enquanto aplicativos de saúde oferecem dietas personalizadas, treinos físicos e lembretes de hidratação. Segundo dados da Organização Mundial da Saúde (OMS), o uso da telemedicina cresceu cerca de cinquenta vezes durante a pandemia, tornando-se uma ferramenta essencial para garantir o acesso aos serviços de saúde em tempos de distanciamento social. Além disso, estudos mostram que 70% dos usuários de dispositivos vestíveis relatam melhorias significativas na gestão de sua saúde após adotar essas tecnologias.

No entanto, ao mesmo tempo em que a tecnologia ampliou o acesso ao cuidado com a saúde, ela também trouxe desafios. A internet democratizou o acesso ao conhecimento médico, mas também facilitou a disseminação da desinformação. A "infodemia", termo cunhado pela OMS, descreve o excesso de informações — muitas vezes imprecisas ou contraditórias — que tornam difícil para as pessoas distinguirem o que é baseado em ciência e o que é puro achismo. Um levantamento realizado pelo Instituto Ipsos revelou que 62% das pessoas no Brasil confiam em informações sobre saúde encontradas nas redes sociais, mesmo que essas informações nem sempre sejam verificadas por especialistas. Esse cenário criou um ambiente propício para a automedicação e para a adoção de práticas prejudiciais à saúde. De acordo com um levantamento do Conselho Federal de Farmácia (2022), 77% da população brasileira faz uso de medicamentos sem prescrição médica, muitas vezes influenciada por dicas encontradas na internet ou compartilhadas por influenciadores digitais. Marcas que desejam se conectar com essa geração precisam entender que não é sobre fidelidade, mas sobre relevância momentânea. O posicionamento das marcas, segundo os jovens, vale menos do que sua capacidade de oferecer experiências imersivas, benefícios reais e espaço para protagonismo individual (Grupo Cosmocoteca, 2022).

A busca por soluções rápidas e o imediatismo digital criaram uma realidade em que dietas "milagrosas", rotinas de exercícios extremas e o consumo indiscriminado de suplementos passaram a ser vendidos como atalhos para uma vida saudável. Redes sociais se tornaram vitrines de um "estilo de vida perfeito", e o conceito de saúde foi reduzido a corpos dentro dos padrões estéticos valorizados, dissociado do verdadeiro bem-estar. Como consequência, a automedicação disparou, e muitas pessoas começaram a negligenciar a importância de um acompanhamento médico adequado. Um estudo publicado na revista científica *The Lancet* (2021) apontou que o consumo de suplementos vitamínicos sem orientação médica aumentou 40% durante a pandemia, mesmo que a maioria desses produtos não tenha benefícios comprovados para a saúde da população geral.

> Transformamos o cuidado em meta e esquecemos que saúde começa no ritmo real da vida.

A saúde mental também entrou de vez na pauta. Se antes o tema era tratado com certo tabu, agora sabemos que cuidar da mente é tão essencial quanto cuidar do corpo. Durante a pandemia, 54% da população brasileira relatou um aumento significativo nos níveis de ansiedade e estresse, segundo dados do Instituto Brasileiro de Geografia e Estatística (IBGE). Terapias online se tornaram a principal alternativa para muitas pessoas, e os aplicativos de bem-estar alcançaram um público que não tinha o hábito de buscar suporte emocional. No entanto, esse movimento também trouxe um problema: a romantização da produtividade. Muitas pessoas passaram a se cobrar ainda mais para serem produtivas o tempo todo, aumentando os índices de burnout e esgotamento. Um estudo conduzido pela Universidade de São Paulo (USP) revelou que 30% dos trabalhadores brasileiros apresentaram sintomas de esgotamento profissional durante o período mais crítico da pandemia, um aumento de 15% em relação aos anos anteriores.

> Não existe saúde plena onde a mente vive em alerta e o descanso é culpa disfarçada de fraqueza.

O impacto dos hábitos alimentares e da longevidade na qualidade de vida também se tornou um tema central. Nunca houve tanta informação disponível sobre nutrição e alimentação saudável, mas, ao mesmo tempo, nunca estivemos tão confusos sobre o que realmente é bom para nós. Dietas restritivas viralizam nas redes sociais sem embasamento científico, levando muitas pessoas a adotar práticas alimentares prejudiciais. A verdade é que a saúde não pode ser reduzida a tendências momentâneas. A longevidade e a qualidade de vida estão diretamente ligadas a hábitos equilibrados, à prática regular de atividade física e à gestão do estresse, e não a soluções rápidas e extremas. Um estudo publicado no *Journal of the American Medical Association* (JAMA) destacou que uma alimentação equilibrada, rica em frutas, vegetais, grãos integrais e proteínas magras, pode reduzir em até 30% o risco de doenças crônicas como diabetes, hipertensão e problemas cardiovasculares. Da mesma forma, a prática regular de atividade física foi associada a uma redução de 25% nos níveis de ansiedade e depressão, além de melhorias significativas na qualidade do sono e no bem-estar geral.

E onde entra a empatia nessa equação? Em um mundo em que somos bombardeados por informações e pressionados a nos encaixar em padrões, a empatia se torna essencial para que possamos buscar e oferecer acolhimento e compreensão. Nem todas as pessoas têm os mesmos recursos para cuidar da saúde, e nem todas as realidades são iguais. Precisamos parar de julgar aqueles que não seguem uma rotina "perfeita" e começar a olhar para a saúde de forma mais inclusiva. Precisamos garantir que o acesso ao cuidado seja ampliado, que a informação confiável seja priorizada e que as pessoas possam buscar ajuda sem medo de julgamento. Um relatório da Organização Pan-Americana da Saúde (OPAS, 2023) apontou que 40% da população latino-americana enfrenta barreiras de acesso aos serviços de saúde, seja por falta de recursos financeiros, distância geográfica ou ausência de políticas públicas eficazes. Isso reforça a necessidade de sistemas de saúde mais humanizados e acessíveis, que levem em conta as diferentes realidades e necessidades das pessoas.

O futuro da saúde não está apenas nas mãos dos médicos ou dos avanços tecnológicos. Ele está nas nossas escolhas diárias, na forma como nos relacionamos com nosso próprio corpo e na maneira como tratamos aqueles ao nosso redor. Precisamos construir uma cultura de bem-estar baseada na verdade, na ciência e, acima de tudo, na empatia. Afinal, cuidar da saúde não pode ser um luxo — é uma necessidade que todos deveriam ter o direito de priorizar. A pandemia nos fez repensar nossa relação com a saúde, mas cabe a nós decidirmos se vamos aplicar esses aprendizados ou se continuaremos esperando o próximo alerta para mudar. Porque, no fim das contas, a pergunta que fica é: estamos apenas tentando viver mais ou realmente aprendemos a viver melhor?

Essa reflexão nos leva a considerar que a saúde não é apenas um conceito individual, mas também coletivo. A pandemia escancarou como nossas escolhas pessoais podem impactar a saúde de toda uma comunidade. O uso de máscaras, o distanciamento social e a vacinação em massa foram exemplos claros de como a responsabilidade individual está intrinsecamente ligada ao bem-estar coletivo. Um estudo conduzido pela Universidade de Harvard mostrou que países que adotaram medidas de prevenção coletiva de forma rápida e eficiente registraram taxas de mortalidade de até 50% menores do que aqueles que negligenciaram essas práticas. Isso reforça a importância de uma abordagem colaborativa para a saúde, de forma que cada indivíduo desempenhe seu papel fundamental na proteção da sociedade como um todo.

> Saúde não é apenas um direito individual é também um compromisso com o mundo que construímos juntos.

Além disso, a pandemia também evidenciou as desigualdades estruturais que afetam o acesso à saúde. Enquanto algumas pessoas tinham acesso a testes rápidos, tratamentos avançados e consultas médicas regulares, outras enfrentavam dificuldades para obter até mesmo medicamentos básicos. Um relatório da Organização das Nações Unidas (ONU, 2022)) apontou que a pandemia agravou as desigualdades globais, com populações marginalizadas sendo desproporcionalmente afetadas pelos impactos econômicos e sanitários da crise. A saúde é um direito humano fundamental que deve ser garantido a todos, independentemente da condição socioeconômica.

Outro ponto crucial é a necessidade de integrar a saúde mental ao debate sobre o bem-estar geral. Durante a pandemia, a (OMS, 2020) registrou um aumento global de 25%

nos casos de ansiedade e depressão, com números ainda mais alarmantes em países em desenvolvimento. No Brasil, estudos indicam que aproximadamente 30% da população apresentou sintomas depressivos durante o período mais crítico da crise sanitária. Esses dados reforçam a importância de se investir em políticas públicas voltadas para a saúde mental, desde campanhas de conscientização até a ampliação do acesso a serviços de psicoterapia e apoio emocional. Empresas também começaram a reconhecer a importância do bem-estar emocional de seus funcionários, com muitas delas implementando programas de apoio psicológico e promovendo ambientes de trabalho mais saudáveis.

Por fim, é essencial destacar que a saúde não pode ser dissociada do contexto social, econômico e ambiental em que vivemos. As mudanças climáticas, por exemplo, têm impactos diretos na saúde humana, desde o aumento das doenças respiratórias causadas pela poluição do ar até a disseminação de doenças transmitidas por vetores devido ao aquecimento global. Um estudo publicado na revista *Nature Climate Change* (2023) aponta que as mudanças climáticas poderão ser responsáveis por mais de 250 mil mortes adicionais por ano até 2030, principalmente em regiões mais vulneráveis. Isso reforça a necessidade de abordar a saúde de forma holística, considerando os aspectos biológicos, os fatores ambientais e as condições sociais que influenciam nosso bem-estar.

A pandemia de COVID-19 foi um divisor de águas que nos obrigou a repensar nossa relação com a saúde. Ela nos mostrou que a prevenção é tão importante quanto a cura, que a tecnologia pode ser uma aliada poderosa, embora também possa ser um obstáculo, e que o cuidado com a mente é tão crucial quanto o cuidado com o corpo. Cabe a nós decidirmos se vamos aprender com essa experiência e construir um futuro mais saudável, inclusivo e sustentável, ou se vamos continuar repetindo os mesmos erros. Não se trata de viver mais, mas de viver com presença, consciência e propósito. *O tempo do cuidado é agora.*

Capítulo 4

Crise climática e responsabilidade geracional

Não é a
natureza que
está fora
de controle.
Somos nós.

O mundo está mudando diante dos nossos olhos, e não estamos reagindo adequadamente. São mudanças alarmantes, e essas transformações não são mais eventos distantes ou abstratos. As temperaturas globais estão subindo a uma velocidade sem precedentes, com registros históricos de calor sendo quebrados ano após ano. Secas devastadoras assolam regiões inteiras, comprometendo o abastecimento de água e ameaçando a segurança alimentar. Tempestades e enchentes ocorrem com uma intensidade e frequência que antes eram raras, causando prejuízos econômicos bilionários e deslocando comunidades inteiras. Florestas imensas, como a Amazônia, estão sendo consumidas por incêndios que parecem incontroláveis, levando à perda irreversível de biodiversidade e ao aumento das emissões de carbono na atmosfera. O que era um alerta vago dos cientistas, se tornou parte do cotidiano de milhões de pessoas em todo o mundo.

No Brasil, a crise climática já deixou de ser uma preocupação futura para se tornar uma realidade presente e tangível. Cidades litorâneas enfrentam o avanço do nível do mar, enquanto regiões agrícolas sofrem com as mudanças nos padrões de chuva, impactando diretamente a produção de alimentos. O desmatamento acelerado, especialmente na Amazônia, agrava ainda mais o problema, contribuindo para o aquecimento global e alterando os ciclos naturais que sustentam a vida no planeta. Esses eventos não são isolados; eles formam um mosaico complexo de consequências interligadas, mostrando que a crise climática é um fenômeno sistêmico que afeta todos os aspectos da vida humana e natural.

Diante dessa realidade, precisamos refletir sobre como diferentes gerações percebem e lidam com essa situação crítica. As experiências de vida orientam as perspectivas de cada grupo, criando abordagens distintas para enfrentar o mesmo problema. Enquanto as gerações mais velhas tendem a enxergar a crise climática através de uma lente de adaptação gradual, as gerações mais jovens, como a Geração Z e os Millenials, veem-na como uma emergência que exige ações urgentes e transformadoras. Essas diferenças geracionais refletem visões de mundo contrastantes e evidenciam a necessidade de diálogo e colaboração entre todas as faixas etárias para que se construam soluções eficazes e inclusivas.

A perspectiva das gerações mais velhas: progresso industrial e adaptação gradual

As gerações mais velhas cresceram em um período marcado pelo entusiasmo com o progresso industrial e tecnológico, no qual o crescimento econômico era amplamente associado à exploração de recursos naturais. Durante grande parte do século XX, o desenvolvimento industrial foi visto como sinônimo de prosperidade e modernização. Fábricas, usinas e infraestruturas em expansão simbolizavam avanços significativos para a sociedade, proporcionando empregos, melhorias na qualidade de vida e novas oportunidades econômicas. No entanto, pouco se falava sobre os impactos ambientais dessas práticas. A mentalidade predominante era de que os recursos naturais eram abundantes e infinitos, e que o meio ambiente poderia absorver qualquer tipo de intervenção humana sem grandes consequências.

Para essas gerações, as mudanças climáticas representam um desafio real, mas que deve ser enfrentado de forma gradual e equilibrada. A ideia central é que a economia precisa continuar funcionando e que qualquer solução para a crise climática deve preservar os empregos e indústrias existentes. Muitos acreditam que medidas drásticas podem prejudicar setores tradicionais e causar instabilidade social, especialmente em comunidades dependentes de atividades como mineração, agricultura intensiva e extração de petróleo. Esse pensamento reflete uma preocupação genuína com o bem-estar imediato das populações, além de uma relutância em abandonar modelos que foram fundamentais para o desenvolvimento econômico ao longo de décadas.

Essa visão, embora compreensível dentro do contexto histórico em que essas gerações cresceram, contrasta fortemente com a urgência exigida pela crise climática atual. E para muitos da Geração Z e dos Millennials, o ritmo de adaptação proposto pelas gerações mais velhas é insuficiente diante da magnitude do problema. Eles argumentam que o sacrifício temporário de certos setores econômicos é necessário para garantir a sobrevivência do planeta e das futuras gerações. Essa diferença de perspectiva cria um terreno fértil para debates e tensões, mas também oferece uma oportunidade para que as diferentes gerações trabalhem juntas, combinando sabedoria e inovação para encontrar soluções equilibradas e sustentáveis.

A visão transformadora da Geração Z e dos Millennials

Enquanto as gerações anteriores frequentemente viam o progresso econômico como prioritário, mesmo às custas do meio ambiente, a Geração Z e os Millennials adotam uma postura radicalmente diferente. Essas gerações cresceram em um mundo em que os sinais de devastação ambiental já eram visíveis e palpáveis: desde imagens de florestas em chamas até notícias sobre espécies em extinção e cidades inundadas por tempestades extremas. Com acesso a uma quantidade sem precedentes de informações, graças à internet e às redes sociais, eles têm uma compreensão aguçada do impacto humano no planeta. Para eles, a sustentabilidade é mais do que mera preocupação — é uma exigência, fundamental para garantir o futuro da humanidade.

A diferença de perspectiva entre essas gerações e seus antecessores está enraizada em suas experiências de vida. Enquanto as gerações mais velhas testemunharam uma fase de intensa industrialização e seus benefícios aparentes, a Geração Z e os Millennials nasceram em um momento em que os efeitos colaterais desse modelo começaram a se manifestar de maneira dramática. Eles não precisam imaginar as consequências das mudanças climáticas; elas fazem parte de sua realidade cotidiana. Essa exposição constante a crises ambientais os leva a priorizar o equilíbrio entre desenvolvimento e preservação. Para essas gerações, o meio ambiente não pode mais ser sacrificado em nome do progresso econômico. Em vez disso, defendem um modelo de crescimento que seja regenerativo, em que o uso de recursos seja responsável e as práticas industriais sejam projetadas para minimizar danos ao ecossistema.

Além disso, a Geração Z e os Millennials possuem uma consciência global única, impulsionada pela conectividade digital. Eles têm acesso a estudos científicos, campanhas ambientais e movimentos globais, liderados por figuras como Greta Thunberg, que reforçam a urgência de agir contra a crise climática. Essa visão ampliada os leva a questionar os sistemas econômicos tradicionais e a pressionar governos e empresas por mudanças estruturais. Eles exigem transparência, responsabilidade e a adoção de práticas sustentáveis em todos os níveis da sociedade. Para essas gerações, a sustentabilidade não é apenas uma escolha ética, mas uma condição indispensável para a sobrevivência humana e planetária.

A consciência ambiental no Brasil: um chamado à ação

Os brasileiros estão entre os mais conscientes globalmente quando se trata da gravidade da crise climática e da necessidade de mudanças urgentes. Uma pesquisa recente, realizada pela Ipsos (2017), revelou que 85% da população brasileira acredita que o mundo está caminhando para um desastre ambiental caso os hábitos atuais da sociedade não sejam rapidamente transformados. Esse número supera a média global de 80%, destacando o nível elevado de preocupação no país. Além disso, 83% dos brasileiros afirmam que as empresas não estão fazendo o suficiente para proteger o meio ambiente, enquanto 85% defendem que o governo deveria adotar políticas mais rigorosas contra corporações que causam danos ambientais. Esses dados demonstram que a sustentabilidade deixou de ser uma opção para se tornar uma exigência inequívoca para governos, empresas e indivíduos.

A pressão popular por ações concretas está crescendo, refletindo uma demanda por responsabilidade compartilhada. Os brasileiros reconhecem que as mudanças climáticas não são um problema distante, e sim uma realidade que já afeta suas vidas. Desde o desmatamento da Amazônia até as secas severas no Nordeste, e as enchentes catastróficas em grandes cidades, os impactos são visíveis. Essa consciência coletiva está impulsionando um movimento por maior transparência e responsabilização. Empresas que ignoram práticas sustentáveis correm o risco de perder a confiança do público, enquanto governos que negligenciam políticas ambientais enfrentam crescente pressão social. A mensagem é evidente: a sociedade brasileira exige que todos os setores assumam sua parcela de responsabilidade para mitigar os efeitos da crise climática.

Ecoansiedade: o peso do futuro sobre os jovens

Em meio à crise climática, um fenômeno psicológico ganhou destaque: a ecoansiedade. Trata-se de um estado de angústia e medo constante provocado pela deterioração do meio ambiente e pelas incertezas sobre o futuro do planeta. Para muitos jovens, especialmente aqueles pertencentes à Geração Z e aos Millennials, as notícias diárias sobre desmatamento, poluição e eventos climáticos extremos alimentam um sentimento profundo de impotência e desesperança. Essa ansiedade ambiental vai além de uma preocupação passageira e torna-se uma resposta emocional visceral à percepção de que o mundo está em colapso. Um estudo publicado pelo *The Lancet* revelou que mais de 40% dos jovens entre 16 e 25 anos, em países como Austrália, Brasil, Índia e Filipinas, expressaram hesitação em ter filhos devido às mudanças climáticas. Para esses jovens, a ideia de planejar um futuro para as próximas gerações parece inviável em um planeta que enfrenta tantas ameaças.

O raciocínio por trás dessa hesitação é direto: como justificar trazer novas vidas a um mundo que pode não oferecer condições mínimas de sobrevivência? A sensação de que as ações concretas para combater a crise climática ainda são insuficientes reforça esse temor. Apesar de toda a mobilização social e das campanhas ambientais, muitos jovens sentem que seus esforços individuais são insignificantes frente à dimensão do problema. Isso gera frustração e desmotivação, exacerbando a ecoansiedade. Para eles, a crise climática é, também, uma crise existencial que questiona o propósito e a continuidade da vida humana no planeta.

Educação ambiental: construindo uma nova consciência desde cedo

Transformar a ecoansiedade em ação começa com a educação ambiental, um pilar essencial para formar gerações conscientes e preparadas para enfrentar os desafios da crise climática. Ensinar crianças e adolescentes sobre a importância da preservação dos recursos naturais e do consumo consciente é crucial para criar uma base sólida de responsabilidade ecológica. Algumas escolas já deram passos importantes nessa direção, incorporando a sustentabilidade ao currículo educacional. Conceitos como economia circular, reciclagem e o impacto ambiental da produção industrial estão sendo introduzidos desde cedo, permitindo que os alunos compreendam as conexões entre as suas ações diárias e o bem-estar do planeta. No entanto, essas iniciativas ainda são insuficientes e fragmentadas, limitadas a poucas instituições e regiões privilegiadas.

Para que a educação ambiental cumpra seu papel transformador, ela precisa se tornar uma prioridade nacional, integrada a todas as disciplinas e presente em todas as etapas da vida acadêmica. Não basta ensinar ciências ambientais como um tópico isolado; é necessário que os princípios de sustentabilidade permeiem áreas como Matemática, História, Geografia e Artes, de maneira que sejam conectados à realidade cotidiana dos estudantes. Além disso, o contato direto com a natureza é um componente indispensável desse processo. Crianças que crescem brincando ao ar livre, explorando parques, florestas e rios, desenvolvem uma relação emocional mais profunda com o meio ambiente. Essa conexão prática, aliada ao aprendizado teórico, fortalece o senso de responsabilidade ecológica e inspira comportamentos sustentáveis.

O grande desafio, no entanto, é que estamos criando gerações cada vez mais urbanizadas, distantes da natureza e com uma relação predominantemente virtual com o mundo ao seu redor. A falta de espaços verdes nas cidades e a rotina acelerada das famílias modernas reduzem as oportunidades para que as crianças experimentem o meio ambiente de maneira direta e significativa. Sem esse contato, o aprendizado sobre sustentabilidade pode se tornar abstrato e desvinculado da realidade, tendo, assim, o seu impacto reduzido. Portanto, é fundamental investir em políticas públicas que promovam o acesso universal à natureza, garantindo que todas as crianças, independentemente de sua localização ou condição socioeconômica, tenham a chance de desenvolver uma relação saudável e respeitosa com o planeta.

O papel das grandes corporações: predação ou liderança?

As grandes corporações desempenham um papel central na construção de um futuro sustentável, mas muitas ainda operam sob modelos predatórios que agravam a crise climática. Enquanto algumas empresas têm adotado práticas mais responsáveis, outras continuam priorizando o lucro a curto prazo em detrimento do meio ambiente. A exploração excessiva de recursos naturais, o descarte inadequado de resíduos e a emissão descontrolada de gases de efeito estufa são apenas alguns exemplos de como as atividades empresariais contribuem para a deterioração do planeta. No entanto, a pressão pública e o surgimento de novas expectativas estão forçando as empresas a repensarem suas estratégias. Marcas que ignoram a crise climática correm o risco de perder não apenas a confiança dos consumidores, mas também a atratividade para investidores e talentos.

O conceito de ESG (*Environmental, Social and Governance*)

ilustra essa mudança de paradigma. Anteriormente visto como um diferencial, o ESG tornou-se uma exigência básica para empresas que desejam permanecer competitivas. Investidores estão cada vez mais atentos aos impactos ambientais e sociais das empresas nas quais aplicam seus recursos, enquanto consumidores preferem marcas que demonstrem compromisso com práticas sustentáveis. No Brasil, por exemplo, 76% da população considera importante a transição para veículos elétricos, e 85% acreditam que o governo deveria ser mais rigoroso com empresas que causam danos ambientais. Esses números refletem uma demanda crescente por responsabilidade corporativa e sinalizam que as empresas que não se adaptarem podem enfrentar boicotes, perda de credibilidade e dificuldades em atrair novos talentos.

Portanto, as grandes corporações têm a oportunidade — e a obrigação — de liderar a transição para um modelo econômico mais sustentável. Isso inclui investir em tecnologias limpas, reduzir o desperdício, adotar práticas de economia circular e neutralizar suas emissões de carbono. Ao fazer isso, elas contribuem para a mitigação da crise climática e se posicionam como agentes de mudança, alinhando seus interesses comerciais aos anseios de uma sociedade que exige soluções urgentes e eficazes.

Greenwashing: a máscara da sustentabilidade

Infelizmente, nem todas as empresas que se apresentam como defensoras do meio ambiente estão realmente comprometidas com práticas sustentáveis. O *greenwashing*, uma estratégia de marketing enganosa, tem sido amplamente adotado por corporações que buscam capitalizar a crescente demanda por responsabilidade ambiental, sem implementar mudanças reais. Embalagens verdes, slogans ecológicos e selos ambientais sem certificação válida são ferramentas comuns utilizadas para criar uma falsa imagem de sustentabilidade. Essas práticas enganam consumidores e investidores, e desviam o foco das ações concretas necessárias para combater a crise climática, perpetuando um ciclo de superficialidade e inação.

Felizmente, a população está se tornando mais vigilante e crítica em relação a essas estratégias. Movimentos sociais, organizações ambientais e plataformas digitais têm desempenhado um papel crucial ao expor casos de *greenwashing* e exigir transparência. Consumidores estão cada vez mais dispostos a investigar as práticas reais das empresas antes de tomar decisões de compra, enquanto investidores buscam dados concretos sobre o desempenho ambiental das corporações. Diante dessa pressão crescente, empresas que desejam se destacar precisam ir além do discurso e adotar medidas tangíveis, como a redução do desperdício, o uso de materiais recicláveis e o investimento em energia limpa. A autenticidade e a integridade tornaram-se moedas valiosas no mercado contemporâneo, e somente as empresas que demonstram compromisso genuíno com a sustentabilidade serão capazes de conquistar a confiança da sociedade engajada.

Empatia e acessibilidade na transição para a sustentabilidade

A construção de um futuro sustentável exige mais do que boas intenções; ela demanda empatia e uma compreensão profunda das desigualdades que permeiam nossa sociedade. Nem todas as pessoas têm as mesmas condições de adotar práticas ecológicas, pois muitas das soluções sustentáveis disponíveis no mercado são inacessíveis para grande parte da população. Produtos orgânicos, itens recicláveis e tecnologias verdes, como painéis solares e veículos elétricos, são mercadorias com preços elevados que excluem famílias de baixa renda. Para essas pessoas, é um desafio financeiro poder optar por produtos ecológicos, que fogem às suas prioridades básicas. Quando o orçamento familiar mal cobre alimentação, moradia e transporte, a sustentabilidade se torna um luxo inatingível.

Por isso, é essencial que políticas públicas e incentivos sejam implementados para tornar a sustentabilidade acessível a todos. Governos e empresas devem trabalhar juntos para reduzir os custos de tecnologias e produtos verdes, subsidiar iniciativas de energia renovável e promover programas de reciclagem e reaproveitamento que beneficiem comunidades vulneráveis. Além disso, é fundamental reconhecer que a responsabilidade ambiental não pode recair exclusivamente sobre os ombros dos consumidores. Durante anos, existiu uma narrativa ambiental que culpabilizou indivíduos, cobrando deles pequenas ações, como "desligar a torneira enquanto lava a louça" ou "separar o lixo reciclável", ao passo que os maiores poluidores do planeta — as grandes corporações — continuavam operando sem punição. Essa abordagem desviou o foco das verdadeiras causas da crise climática e perpetuou uma sensação de injustiça.

A mudança real precisa vir do topo, com regulamentações mais rígidas para indústrias poluentes, fiscalização eficaz e incentivos para empresas que adotem práticas sustentáveis. A pressão social desempenha um papel crucial nesse processo, pois é a voz coletiva da sociedade que pode exigir transparência e responsabilidade. Ao reconhecer as limitações de diferentes grupos e promover soluções inclusivas, podemos criar um movimento ambiental alinhado com uma maior justiça social.

Ação coletiva: o caminho para um futuro sustentável

A crise climática é um desafio que transcende fronteiras, gerações e setores da sociedade, exigindo um compromisso real e coordenado entre indivíduos, empresas e governos. Não basta apenas reconhecer a gravidade do problema; é necessário transformar essa indignação em ações concretas que garantam que a sustentabilidade deixe de ser um conceito abstrato e se torne uma prática cotidiana. O planeta já enviou sinais claros de que chegou ao limite: eventos climáticos extremos, perda de biodiversidade e escassez de recursos naturais são alertas impossíveis de se ignorar. A pergunta que paira no ar é: vamos esperar até que seja tarde demais, ou vamos agir agora? Não se trata mais de reagir ao futuro. Se quisermos ter um, é preciso agir no presente.

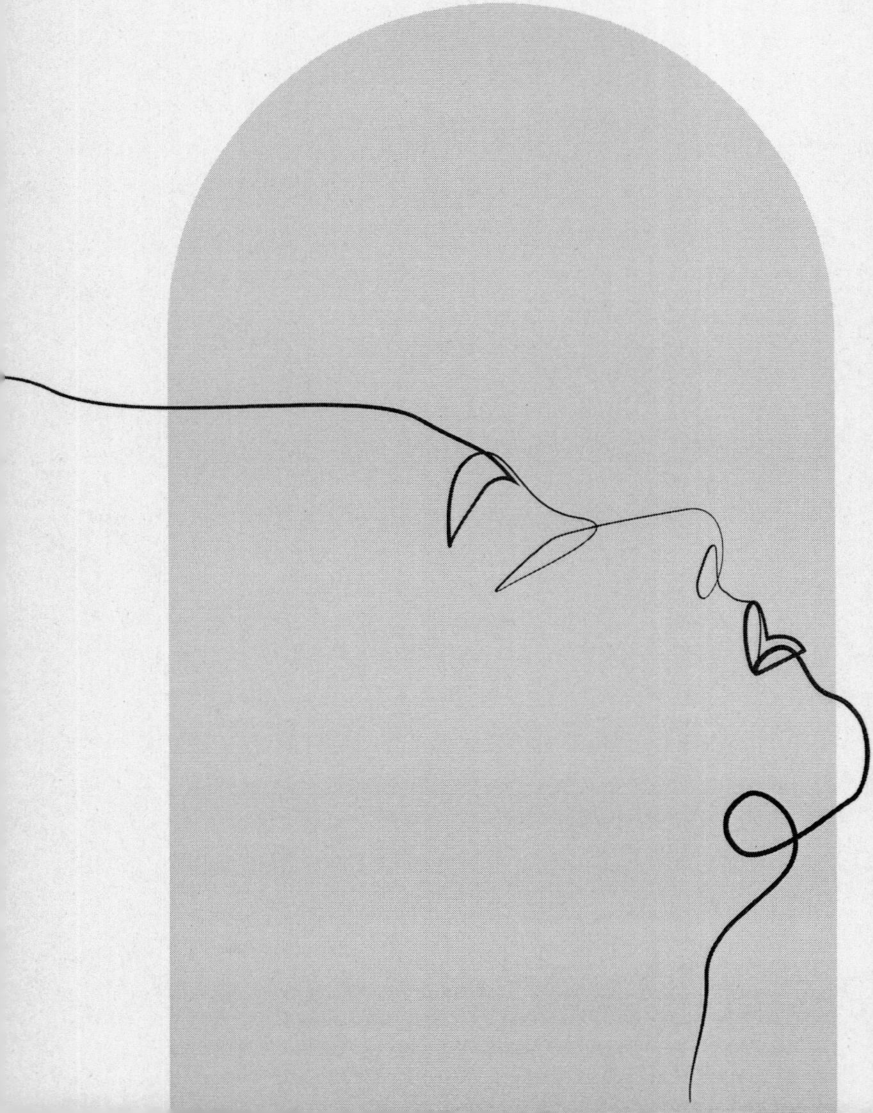

Capítulo 5

Epidemia da solidão e o poder das conexões humanas

Nunca estivemos tão próximos nas redes e tão ausentes na vida.

Vivemos em um tempo paradoxal, um momento da história em que as contradições do progresso humano se desenham com linhas tão nítidas que quase podemos tocá-las. Nunca estivemos tão conectados — nossos dedos deslizam por telas que nos ligam instantaneamente a amigos do outro lado da cidade, a parentes em continentes distantes, a estranhos que compartilham memes ou indignações nas redes sociais que vibram dia e noite. Um clique nos leva a uma videochamada com a tia em Minas Gerais, outro nos mostra o pôr do sol em Tóquio capturado por alguém que nunca veremos pessoalmente. A tecnologia prometeu um mundo sem fronteiras, uma aldeia global onde ninguém ficaria para trás, em que a distância seria apenas uma memória de um passado analógico. E, no entanto, nunca estivemos tão sós. A solidão, esse vazio que não se explica, essa quietude que pesa mais que o barulho, deixou de ser um sentimento passageiro, um suspiro entre os dias agitados, para se transformar em uma epidemia silenciosa, uma crise de saúde pública que não se detém por idade ou classe social e que corrói o que há de mais essencial: nossa humanidade.

Imagine uma rua qualquer em uma cidade brasileira — talvez em São Paulo, com seus prédios altos que parecem tocar o céu, ou em Salvador, com suas ladeiras cheias de história. As janelas estão acesas, as luzes piscam, os sons de televisões e conversas abafadas escapam pelas frestas. Mas, por trás dessas fachadas, quantas pessoas estão sentadas sozinhas, olhando para o teto ou para uma tela que não responde com um sorriso? Quantas delas, ao final de um dia exaustivo, percebem que não trocaram uma palavra genuína com ninguém, que não ouviram uma risada que não viesse de um vídeo no celular? Essa é a realidade que Kasley Killam, cientista social e uma das vozes mais potentes do SXSW 2025, trouxe à tona com um alerta que ressoa como um trovão: "Se temos duas a três vezes mais chances de morrer na próxima década por falta de conexões sociais, então os relacionamentos não são apenas um detalhe. Eles são, literalmente, uma questão de vida ou morte." Suas palavras não são exagero, são um espelho que reflete uma verdade que ignoramos por tempo demais, uma verdade sustentada por décadas de pesquisas que mostram o impacto devastador da solidão no corpo e na mente.

A solidão não é uma sombra que paira apenas sobre os corações frágeis ou os espíritos melancólicos. É uma força que pode atingir qualquer um, com consequências que vão muito além do que sentimos na superfície. Estudos acumulados ao longo de anos, conduzidos em universidades de ponta como Harvard e Chicago, pintam um quadro lúgubre: a ausência de conexões sociais aumenta significativamente o risco de doenças cardíacas, como se o coração, privado de calor humano, batesse mais fraco; enfraquece o sistema imunológico, deixando-nos vulneráveis a infecções que um corpo conectado poderia combater; e reduz a expectativa de vida, cortando anos que poderíamos viver com saúde e propósito. Ainda assim, a sociedade insiste em tratar a saúde social como algo secundário, um luxo que podemos deixar para depois, enquanto corremos atrás de metas, prazos e telas que nos prometem tudo, menos o toque de uma mão ou o som de uma voz amiga. "Subestimamos e negligenciamos o poder da conexão", diz Killam. "Mas a verdade é que relações sociais reduzem sintomas de depressão, fortalecem o sistema imunológico, melhoram a função cognitiva, diminuem o risco de doenças cardíacas e aumentam a expectativa de vida. Relações humanas são fonte de vida. É hora de elevar a saúde social." Suas palavras são um chamado, um convite para que paremos de correr em círculos e olhemos para o que realmente nos mantém vivos.

Essa não é uma crise que afeta apenas o indivíduo, isolado em seu canto, contando os minutos até que o dia acabe. *A solidão é coletiva, um fio invisível que atravessa nossas comunidades, nossas cidades, nosso país, e que está por trás de problemas que sentimos, mas nem sempre nomeamos.* Ela alimenta o aumento dos transtornos mentais — a ansiedade que aperta o peito de quem não tem com quem dividir o peso do dia, a depressão que se instala como um hóspede indesejado em casas silenciosas. Ela pesa na queda da produtividade, com trabalhadores que, mesmo eficientes em suas tarefas, carregam uma exaustão, um vazio que nenhum salário preenche. E ela agrava as desigualdades sociais, separando ainda mais quem já vive à margem — o idoso que não vê os filhos há meses, a mãe solo que não tem tempo para amigos, o jovem que troca o barulho da rua pelo silêncio do quarto. A grande pergunta que Killam nos deixa não é apenas um exercício retórico: como reverter essa epidemia antes que ela nos engula por completo, antes que o silêncio se torne mais alto que nossas vozes?

> “A solidão não é ausência de gente.
> É ausência de vínculos reais.”

O Brasil, com seu calor humano que já foi cantado em verso e prosa, não escapa dessa onda. Sempre fomos vistos como um povo de abraços largos, de conversas que se estendem até a noite, de festas que juntam vizinhos, primos e amigos em um só batuque. O almoço de domingo com a família barulhenta, as rodas de samba nas praças, o papo na padaria enquanto o pão quente sai do forno — essas cenas são parte do nosso DNA, da nossa identidade. Mas os números contam uma história diferente, uma realidade que contrasta com o mito do brasileiro sempre rodeado de gente. Segundo o Instituto Locomotiva (2022), 57% dos brasileiros se sentem sozinhos com frequência, ou seja, mais da metade de nós, caminhando pelas ruas com um vazio que não confessamos. E 20% da população adulta admite não ter ninguém a quem pedir ajuda em momentos difíceis; nem um amigo para ouvir, nem um parente para estender a mão, só o eco de suas próprias preocupações. Esses dados são mais que estatísticas em uma planilha — são retratos de um país que, apesar de sua fama de caloroso, está esfriando por dentro, um povo que perdeu o hábito de se encontrar no meio do caminho.

E quando deixamos de nos encontrar, começamos a desaparecer — uns para os outros e para nós mesmos.

Entre os idosos, o cenário é ainda mais alarmante, quase um grito preso na garganta. Uma pesquisa da Unicamp, realizada em 2023 com oito mil pessoas acima dos sessenta anos, revelou que quase 17% se sentem "sempre" sozinhas. É o avô sentado na varanda, olhando o movimento da rua, sem fazer parte dele; ou a avó que lê em silêncio, enquanto a casa fica grande demais para uma pessoa só. Mais de 30%

afirmam que se sentem sozinhos "algumas vezes", um peso que aparece em dias de chuva, em aniversários sem visitas, em noites que se arrastam. Esses números mostram como a solidão rouba a qualidade de vida na terceira idade, cortando os fios que ligam os idosos ao mundo, ao passado que construíram, ao futuro que ainda poderiam viver. No Brasil, onde a expectativa de vida cresceu tanto nas últimas décadas, chegando a 76 anos e mirando os 82 até 2050, essa epidemia ameaça transformar os anos extras em um fardo, em vez de uma celebração. Como podemos falar em longevidade se ela vem acompanhada de um silêncio que sufoca?

A pandemia de COVID-19 jogou luz sobre esse problema, mas não o criou. Ela apenas acelerou um processo que já estava em curso, como um rio que ganha força com a chuva. O isolamento forçado, as máscaras que cobriram sorrisos, o trabalho remoto que trocou o café no corredor por telas mudas — tudo isso cortou interações que antes eram naturais, espontâneas, parte do tecido do dia a dia. Antes, o expediente terminava com um papo no ponto de ônibus, uma cerveja no boteco da esquina, um "até amanhã" que carregava um fio de conexão. Agora, muitos desligam o computador e ficam com o vazio da casa, o barulho do ventilador como única companhia.

Kasley Killam, porém, é categórica ao dizer que o isolamento não nasceu em 2020: "A geração que cresceu romantizando o trabalho e a ascensão social começou a dar os primeiros sinais de esgotamento ao perceber a dificuldade de fazer amigos na vida adulta." Ela aponta para uma verdade que sentimos na pele: a cultura da hiperprodutividade, com suas agendas cheias e metas intermináveis, roubou o tempo que costumávamos gastar rindo com amigos, jogando conversa fora, construindo laços que não cabem em um e-mail ou em uma mensagem de WhatsApp.

E há um detalhe que torna essa crise ainda mais cruel: amizades não brotam do nada, como flores que crescem sem cuidado. Killam cita um estudo que mapeia o tempo necessário para criar vínculos e que afirma que demora cerca de cinquenta horas de interação para transformar um conhecido em amigo casual, entre conversas leves que aquecem o dia; e mais de duzentas horas para desenvolver uma amizade profunda, daquelas que resistem a tempestades, que carregam confidências e silêncios confortáveis. Pense nisso: duzentas horas são quase dez dias inteiros, um investimento que exige pausas, encontros, tardes sem relógio. Em um mundo em que cada minuto é contado, no qual o trabalho engole as noites e os fins de semana viram listas de tarefas, quem tem tempo para isso? O Brasil, com sua economia acelerada nas grandes metrópoles, e sua luta por sobrevivência nas periferias e interiores, não escapa dessa armadilha. O jovem que pega dois ônibus para chegar ao emprego, a mãe que trabalha turnos dobrados para pagar as contas, o executivo que vive entre reuniões e relatórios — todos correm contra o tempo, e perdem a chance de parar e olhar nos olhos de quem está ao lado.

As redes sociais, que nasceram com a promessa de nos unir, muitas vezes cavam um buraco ainda mais fundo. Um levantamento da BBC (2018) apontou três vilões da socialização na vida adulta: a pandemia, que nos trancou em casa; o home office, que isolou colegas em caixas virtuais; e a falta de tempo, que transforma o "vamos marcar algo" em uma frase vazia, repetida até virar eco. Nas redes sociais, vemos fotos de festas cheias, famílias sorrindo, viagens perfeitas, mas quantas vezes essas imagens escondem um vazio que a legenda não conta? Quantas curtidas substituem um abraço, quantos stories preenchem o silêncio de uma noite solitária? Em nosso país, onde o celular é quase uma extensão do corpo (somos mais de 220 milhões de linhas ativas, uma para cada habitante), a conexão digital virou um espelho torto, que reflete proximidade sem calor, presença sem toque. Passamos horas rolando feeds, ficando ainda mais sozinhos, uma vez que o brilho da tela é uma luz fria que não aquece.

A solidão é um peso que carregamos na alma que também machuca o corpo, corta a vida, deixa marcas que a ciência já mediu com precisão assustadora. Um estudo publicado na *Perspectives on Psychological Science* (2015) mostrou que o isolamento social aumenta o risco de morte prematura em até 32%, um número que supera os perigos da obesidade ou do sedentarismo, uma estatística que nos força a encarar a gravidade do problema. Outra pesquisa, com sete mil adultos acompanhados por nove anos, revelou que homens com poucos laços sociais têm o dobro de chances de morrer cedo. Para as mulheres, o risco é ainda maior: as isoladas socialmente têm quase três vezes mais chance de morte prematura, um dado que pesa como chumbo quando pensamos nas mães, avós e irmãs que sustentam famílias inteiras, mas muitas vezes não têm com quem dividir o fardo. E entre os idosos, a solidão é um ladrão de memórias:

um estudo da Universidade de Chicago (2023) mostrou que aqueles que vivem sozinhos têm um declínio cognitivo 20% mais acelerado do que os socialmente ativos, abrindo caminho para a demência, apagando nomes, rostos e histórias que poderiam brilhar por mais tempo.

Solidão em números

- Aumenta o risco de morte prematura em até 32%.
- Homens com poucos vínculos sociais têm o dobro de risco de morte precoce.
- Mulheres socialmente isoladas têm 3 vezes mais chance de morte prematura.
- Idosos solitários têm declínio cognitivo 20% mais rápido.

Fonte: *Perspectives on Psychological Science* e Universidade de Chicago

Esses números são uma prova de que a conexão humana não é um capricho, mas uma necessidade biológica tão vital quanto o ar que respiramos. Nosso coração bate mais forte quando estamos com quem amamos, o corpo relaxa com uma risada compartilhada, a mente clareia com uma conversa sincera. "Se há algo que esses estudos deixam claro", reflete Killam, "é que *a conexão humana não é um luxo – é uma necessidade biológica*." Em um país como o nosso, em que a música, a dança e o papo nas esquinas já foram remédios naturais contra o peso da vida, essa epidemia da solidão nos desafia a resgatar o que perdemos, e a reacender o fogo das relações que nos fizeram quem somos.

> Cuidar da saúde é também criar vínculos porque o corpo adoece quando a vida se desconecta.

Para entender o impacto da solidão, precisamos olhar através do modelo biopsicossocial proposto pelo psiquiatra George Engel nos anos 1970, uma lente que enxerga a saúde como um equilíbrio delicado entre três pilares. No nível biológico, a solidão crônica é como uma tempestade interna: eleva os níveis de cortisol, o hormônio do estresse; aumenta a inflamação, deixando-nos mais frágeis a doenças; e enfraquece o sistema imunológico, como se o isolamento desligasse nossas defesas naturais. Psicologicamente, ela é um terreno fértil para a ansiedade, que acelera o coração, e a depressão, que pinta o mundo de cinza, roubando a vontade de levantar da cama. Socialmente, a solidão nos desconecta do todo: reduz o engajamento comunitário, esvazia as praças que já foram cheias de vida, enfraquece as relações interpessoais que sustentam famílias, amizades e até empresas. Esse modelo explica porque um idoso sozinho em um apartamento em Porto Alegre tem mais chances de adoecer, porque um jovem em uma favela do Rio se sente perdido sem um grupo para chamar de seu, porque uma equipe de trabalho em Brasília rende menos quando os colegas não se conhecem para além do contato por e-mails. "Saúde social deve ser tratada com a mesma seriedade que a saúde física e mental", insiste Killam.

Modelo Biopsicossocial da saúde

Proposto por George L. Engel (1977), o modelo biopsicossocial revolucionou a medicina ao integrar fatores biológicos, psicológicos e sociais como interdependentes na saúde e na doença.

DIMENSÃO		
Biológica	**Psicológica**	**Social**
Contribuições para a saúde/doença	**Contribuições para a saúde/doença**	**Contribuições para a saúde/doença**
Genética, funcionamento orgânico, respostas neuroquímicas, sistema imunológico, predisposições físicas	Emoções, pensamentos, crenças, estresse, traumas, habilidades de enfrentamento	Relações familiares, apoio social, condições de trabalho, cultura, ambiente, nível socioeconômico

Fonte: Engel, G. L. (1977). The need for a new medical model: A challenge for biomedicine. Science, 196(4286), 129–136.

Se já entendemos que o corpo e a mente precisam de cuidado, o que ainda nos impede de tratar o vínculo humano como essencial?

A solidão não é uma novidade. Ela sempre esteve entre nós, escondida nas sombras de quem não falava, nas casas onde o silêncio reinava. Entretanto, é um sintoma que ganhou escala, virou uma epidemia que atravessa gerações, um monstro que cresce na velocidade da modernidade.

Avós que antes tinham netos correndo pelos corredores da casa, agora os veem só por videochamada, se é que os veem. Pais que trabalhavam juntos, riam juntos, agora digitam relatórios, sozinhos, em quartos improvisados como escritórios separados. Pense nos jovens que trocam a rua pelo videogame, a roda de amigos pelo chat online, a vida real por uma tela que não abraça de volta. Nós, brasileiros, sentimos ainda mais essa transformação porque fomos forjados na coletividade — os mutirões para construir casas, as festas juninas com fogueiras e quadrilhas, os blocos de Carnaval que juntavam desconhecidos em um só ritmo. Perdemos isso em algum lugar do caminho, e o preço está sendo cobrado em nossa saúde, em nossa capacidade de sentir alegria, em nossa perspectiva de futuro.

Killam, porém, olha para esse horizonte e vê potencial de mudança. Em sua palestra no SXSW 2025, ela traçou três previsões que desenham o futuro da saúde social. Primeiro, a aceleração do crescimento: "A saúde social está hoje onde a saúde mental estava há 15 anos", ela diz, sugerindo que estamos no início de uma revolução, um momento em que o isolamento sairá das sombras para o centro do debate, assim como a depressão e a ansiedade ganharam atenção nas últimas décadas. Segundo, a era da competitividade: equipes e empresas que priorizarem conexões sociais — colegas que se encontram fora do trabalho, ou chefes que conhecem os nomes dos filhos dos funcionários — terão vantagem, porque pessoas conectadas rendem mais, criam mais, vivem mais. Terceiro, a transformação social: "Todos os setores sentirão o impacto da inovação em saúde social", ela prevê, imaginando um mundo no qual escolas ensinem a construir laços, hospitais tratem o isolamento como doença, cidades planejem praças para unir, não para separar. "É hora de reimaginarmos nossa sociedade juntos", ela conclui, com uma força que nos convoca a agir, a parar de aceitar o silêncio como normal.

Em nosso contexto, essa reimaginação é vital. Pense em uma cidade como Recife, com seus rios que já foram vida, suas pontes que já foram locais de encontro. Hoje, muitos de seus moradores vivem sozinhos em apartamentos pequenos, olhando o movimento pela janela, sem fazer parte dele. Ou uma comunidade rural no interior do Maranhão, de onde os jovens emigraram para lugares como São Paulo ou Brasília em busca de trabalho, deixando os mais velhos com um rádio ou uma TV como única companhia. A solidão aqui não é só um sentimento — é uma força que esvazia vilarejos, que silencia ruas, que extingue o barulho das crianças brincando. Porém, também é uma oportunidade. O Brasil tem em seu sangue a capacidade de se conectar — as festas que juntam milhões, as feiras livres onde o papo flui solto, as igrejas e terreiros onde as vozes se encontram em um só coro. Resgatar isso será mais que um ato de nostalgia, será questão de sobrevivência.

> A reconexão não exige revoluções, mas a coragem de recomeçar pelo simples.

Killam oferece um caminho prático para começar, um método simples chamado *5-3-1*, que transforma pequenos passos em grandes mudanças. Primeiro, fale com cinco pessoas por semana — não apenas um "bom dia" apressado ao porteiro ou um "tudo bem?" ao caixa do mercado, mas uma conversa de verdade, mesmo que curta, que vá além do automático. Pode ser o vizinho que você sempre vê no elevador, o colega que senta duas mesas adiante, o vendedor do comércio local que conhece suas preferências. Segundo, cultive três relações próximas — invista tempo em quem importa, seja um amigo de infância que você deixou de chamar, um parente que merece mais do que mensagens de Natal, um colega que poderia ser mais que um conhecido. Terceiro, dedique pelo menos uma hora por dia a conexões significativas — desligue o celular, saia do digital, sente-se com alguém para ouvir, rir, compartilhar. Pode ser o café com a mãe na cozinha, o jogo de dominós com os amigos na praça, a roda de violão que junta a família no quintal. "Desconecte-se do digital, conecte-se no real", ela aconselha, e aqui, onde o calor humano já foi nossa maior riqueza, esse conselho soa como um retorno às raízes.

Método 5-3-1: como fortalecer conexões sociais

- 5 conversas reais por semana
- 3 relações próximas para cultivar com regularidade
- 1 hora por dia dedicada a uma conexão significativa
- Pequenos gestos que, somados, transformam vidas.

Imagine aplicar isso em uma cidade como São Paulo, onde o trânsito engole horas e as pessoas correm sem se olhar.

Cinco conversas por semana poderiam ser o papo com o motorista do ônibus, o sorriso trocado com o padeiro, a pergunta sobre o dia do colega de trabalho. Três relações próximas poderiam ser o almoço com um amigo que você não vê há meses, a ligação para o avô que mora em outra cidade, o café com um vizinho que sempre quis conhecer melhor. Uma hora por dia poderia ser o jantar sem celular, a caminhada no parque com alguém querido, o tempo gasto ensinando um sobrinho a jogar bola. Esses gestos não são grandes ou trabalhosos, são sementes que plantamos, que crescem para se tornarem árvores de conexão, que nos tiram do isolamento e nos devolvem ao mundo.

Esse método não é só para indivíduos, ele pode transformar comunidades inteiras. Pense em uma escola em Fortaleza que incentiva os alunos a falar com cinco colegas por semana, a escolher três amigos para projetos em grupo, a passar uma hora por dia brincando juntos no pátio, sem telas. Ou uma empresa em Curitiba que cria pausas para conversas, que valoriza três relações próximas entre colegas, que dedica uma hora diária a reuniões presenciais onde as pessoas se veem de verdade. Ou um bairro em Belém que organiza feiras onde cinco vizinhos se encontram, três famílias se aproximam, uma hora é gasta em danças e risadas. O coletivo sempre foi nossa força, e esse *5-3-1* poderia reacender o que a modernidade apagou, trazendo de volta o som das vozes que já encheram nossas ruas.

A solidão não precisa ser um destino inevitável. Por vezes, ela é uma escolha que fazemos, consciente ou não, a cada dia que não olhamos para o outro. É ainda mais paradoxal para um povo que dançava junto na chuva, que dividia o pão mesmo quando havia pouco, que transformava qualquer esquina em ponto de encontro. Perdemos isso em nome de um progresso que nos deu telas e nos tirou o toque; que nos deu velocidade e nos roubou o tempo; que nos deu casas maiores e nos deixou sozinhos dentro delas. Killam nos lembra que a saúde social é o pilar que sustenta tudo – nossa longevidade, nossa felicidade, nossa capacidade de enfrentar crises, sejam elas pessoais ou globais. "A qualidade das nossas conexões pode ser o fator decisivo para uma vida mais saudável e longeva", ela diz, e no Brasil, onde já sabemos o valor de um abraço, essa ideia é um mero retorno ao que sempre fomos.

"Relações não se improvisam, se cultivam, com tempo, presença e intenção. E é esse cultivo diário que abre caminho para transformar a solidão em ação coletiva."

Reverter essa epidemia exige mais que boas intenções – exige ação, em todas as camadas da sociedade. Políticas públicas podem criar espaços de convivência (praças com bancos onde os idosos jogam cartas, parques onde as crianças correm juntas, centros comunitários onde as histórias se cruzam). Escolas podem ensinar não só Matemática e Português, como também o valor de ouvir, de compartilhar, de construir laços desde cedo. Empresas podem parar de medir o sucesso apenas por números e começar a valorizar o tempo que os funcionários passam juntos, rindo, criando, sendo humanos. E cada um de nós pode dar o primeiro passo: uma ligação, um convite, uma pausa para dizer “eu estou aqui”. No Brasil, onde o calor humano já foi nosso maior tesouro, essa revolução é uma chama que podemos reacender, até que o silêncio dê lugar às vozes, até que a solidão seja apenas uma lembrança de um tempo que escolhemos deixar para trás.

Relações humanas são fonte de vida.

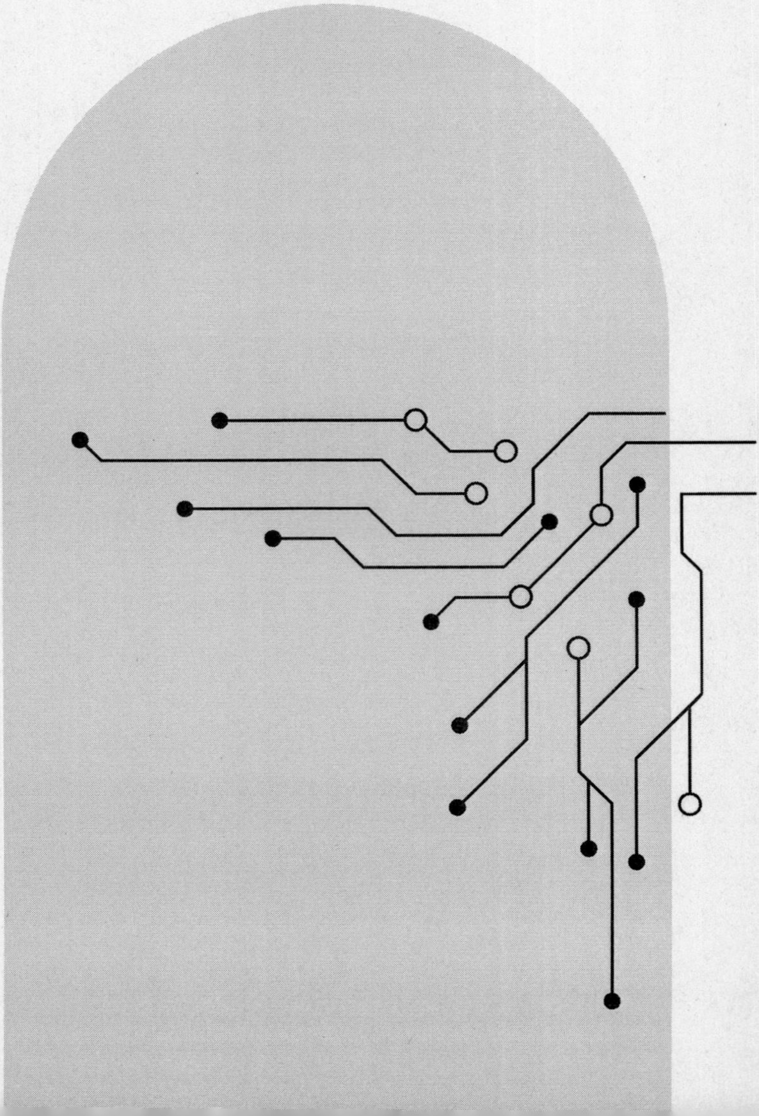

Capítulo 6

Superciclo da tecnologia e infotoxicação

Entre o saber
de tudo e o
compreender
quase nada,
criamos um
vazio veloz.

Nunca antes o acesso ao conhecimento foi tão amplo, instantâneo e irrestrito quanto hoje. Basta olhar para trás para perceber o quanto nossa realidade mudou. Durante séculos, o saber era um privilégio raro, confinado a bibliotecas físicas, mosteiros ou cortes reais, acessível apenas a uma minoria de eruditos, clérigos ou nobres. A lendária Biblioteca de Alexandria, por exemplo, considerada um dos maiores repositórios de conhecimento da Antiguidade, era um espaço exclusivo, reservado a poucos que tinham os meios e a permissão para consultá-la. Seus pergaminhos, copiados à mão por escribas dedicados, guardavam sabedoria que permanecia distante da maioria.

Hoje, porém, a realidade é outra. Carregamos nos bolsos dispositivos que superam em volume e diversidade qualquer arquivo histórico imaginável. Smartphones, tablets e computadores pessoais nos conectam a uma quantidade de informações que desafia a compreensão humana. Com apenas alguns toques na tela, podemos responder quase qualquer pergunta — desde os detalhes da órbita de Júpiter até os passos para assar um pão caseiro —, aprender habilidades práticas assistindo a tutoriais em vídeo, acessar cursos gratuitos oferecidos por universidades de renome mundial ou mergulhar em conteúdos sobre os temas mais fascinantes que nossa curiosidade possa evocar. Esse nível de acesso é um marco revolucionário, um divisor de águas na trajetória da civilização, que redefiniu o que significa estar informado.

No entanto, essa abundância de informações traz consigo um paradoxo inquietante e complexo. Em teoria, ter tanto conhecimento ao alcance dos dedos deveria nos tornar mais sábios, mais curiosos e mais conectados uns aos outros. A prática, porém, revela um cenário diferente. Muitos de nós estamos perdidos em um oceano de distrações digitais que consomem nosso tempo e fragmentam nossa atenção de maneiras que raramente percebemos. Microvídeos em plataformas como TikTok, Instagram ou YouTube, com seus loops infinitos de entretenimento rápido, competem por nossa atenção com notificações incessantes de aplicativos e um fluxo constante de notícias, memes, anúncios e conteúdos muitas vezes irrelevantes. Essa avalanche de estímulos não apenas dispersa nossa capacidade de concentração por longos períodos, mas também dificulta o processamento profundo do que realmente importa. Estamos diante de uma ironia histórica: nunca tivemos tanto acesso ao saber, mas raramente conseguimos transformá-lo em aprendizado significativo ou em crescimento pessoal genuíno. A promessa de um mundo mais informado parece se dissolver em um ciclo de consumo superficial, em que a quantidade supera a qualidade e o ruído abafa o essencial.

> "Estamos realmente mais informados — ou apenas mais distraídos?"

Esse fenômeno não é apenas uma questão individual, algo que afeta apenas alguns de nós em momentos de fraqueza. Ele atravessa gerações, impactando cada faixa etária de maneiras distintas e revelando como a tecnologia controla nossas vidas de formas distintas. Os jovens que cresceram imersos nesse ecossistema digital desde a infância enfrentam desafios que vão além da simples distração. Pesquisas recentes sugerem que a exposição constante às telas está associada a problemas de concentração, aumento dos níveis de ansiedade e até mesmo dificuldades em formar conexões interpessoais profundas. A troca de mensagens rápidas em aplicativos substitui conversas longas e presenciais, enquanto os likes nas redes sociais muitas vezes preenchem o vazio deixado pela ausência de interações reais e significativas.

Um adolescente pode ter centenas de seguidores online, mas sentir-se isolado em um nível que seus avós jamais experimentaram. Por outro lado, as gerações mais velhas, que não nasceram nesse mundo conectado, lidam com obstáculos diferentes. Muitos sentem-se perdidos ao tentar navegar esse ambiente novo e acelerado, com interfaces que mudam constantemente e uma linguagem própria que não dominam. Essa falta de familiaridade os torna particularmente vulneráveis a golpes virtuais, como e-mails falsos prometendo prêmios, e à desinformação que circula em grupos de mensagens ou via posts mal-intencionados. Um idoso pode receber uma notícia falsa sobre um remédio milagroso e compartilhá-la com a família sem questionar sua veracidade, simplesmente por não saber como verificar. Independentemente da idade, o impacto dessa transformação é universal e nos força a repensar nosso consumo de informações e a influência disso em nossas relações, nossa saúde mental e nosso senso de propósito em um mundo hiperconectado.

A raiz desse paradoxo está na tensão entre quantidade e

qualidade, entre o que podemos acessar e o que conseguimos absorver. Ter acesso a tudo não significa que sabemos o que fazer com isso. A tecnologia nos entregou ferramentas poderosas, mas não veio com um manual de instruções para usá-las com equilíbrio ou discernimento. Imagine uma biblioteca infinita onde os livros estão empilhados em desordem, sem índices ou bibliotecários para guiar o caminho — é assim que o mundo digital muitas vezes se apresenta. O desafio da era digital, portanto, não é apenas técnico, uma questão de melhorar algoritmos ou interfaces. É profundamente humano. Precisamos aprender a filtrar o ruído, a valorizar o que é essencial e a recuperar o controle sobre nossa atenção em um ambiente que parece projetado para nos distrair a cada segundo. Sem essa habilidade, o acesso ao conhecimento se torna uma promessa vazia, um presente que não sabemos desembrulhar.

> “Nunca tivemos tanto conteúdo para consumir e tão pouco silêncio para digerir.”

Para entender como chegamos a esse ponto, é essencial traçar a evolução da tecnologia ao longo da história humana, uma jornada que revela como cada avanço redefiniu nossa relação com o conhecimento, com o ambiente e uns com os outros. Essa trajetória, advém de uma sequência de inovações que, ao longo de milênios, moldaram a civilização e nos trouxeram até o presente.

Antes de mergulharmos nessa linha do tempo, vale trazer um conceito fundamental que ajuda a compreender o momento atual: o superciclo da tecnologia, expressão cunhada pela futurista Amy Webb. Diferente de ondas tecnológicas isoladas, como a revolução do vapor ou a era da eletricidade, o superciclo representa uma era em que múltiplas inovações emergem e se interconectam ao mesmo tempo — como inteligência artificial, biotecnologia, robótica, blockchain, computação quântica e internet das coisas.

Essas tecnologias não apenas coexistem, mas se retroalimentam e se aceleram mutuamente, criando transformações profundas e simultâneas em áreas como saúde, educação, trabalho, política e cultura. Para Webb, esse cenário inaugura um novo tipo de revolução: não linear, não sequencial e, sobretudo, imprevisível em seus efeitos sociais e emocionais. O que antes levava décadas para se consolidar, hoje pode ser reconfigurado em meses.

Entender o superciclo é entender que não estamos vivendo apenas uma era de inovação — estamos no coração de um movimento de redefinição estrutural da humanidade. E por isso, mais do que pensar em cada tecnologia isoladamente, precisamos compreender como elas moldam nossos comportamentos, emoções e relações em um ecossistema digital cada vez mais complexo e exigente.

> “Progresso sem consciência é apenas aceleração.”

Para compreender as raízes desse superciclo, é preciso olhar para trás. Cada nova tecnologia que transformou a humanidade surgiu como resposta a necessidades urgentes do seu tempo — e, ao mesmo tempo, desencadeou impactos duradouros e muitas vezes imprevisíveis. Quando olhamos em retrospecto, vemos que o momento atual não surgiu do nada: ele é fruto de uma longa evolução, onde cada inovação pavimentou o caminho para a próxima.

Tudo começou com o fogo — há 1,5 milhão de anos — que nos uniu em torno da chama, expandiu o cérebro humano e acendeu os primeiros vínculos sociais. Milênios depois, a linguagem oral permitiu compartilhar experiências e planejar ações coletivas. Com a escrita, passamos a registrar ideias que antes morriam com seus autores. A imprensa de Gutenberg, no século XV, multiplicou esse conhecimento em larga escala, democratizando o saber. No século XIX, a eletricidade encurtou distâncias com o telégrafo, o telefone e o rádio. Já no século XX, a televisão conectou emoções em tempo real, transformando eventos em experiências coletivas.

Cada uma dessas inovações ampliou nosso repertório de conexão, preparando o terreno para o que viria depois: a internet, os smartphones e a inteligência artificial. Chegamos a um ponto em que o passado analógico já não basta para explicar o presente digital — e é nesse ponto de virada que o superciclo da tecnologia revela sua força transformadora.

Mas foi a internet, surgida nos anos 1990, que impulsionou a humanidade para a era da hiperconectividade, o ponto em que estamos agora. Ao conectar bilhões de pessoas em uma rede global, ela eliminou barreiras de tempo e espaço, permitindo que qualquer um, em qualquer lugar, acesse informações instantaneamente. Com os smartphones, essa revolução ganhou escala pessoal, colocando o mundo na palma da mão de bilhões. Hoje, com a inteligência artificial, agentes autônomos, algoritmos sofisticados e dispositivos conectados em rede, vivemos o ápice desse superciclo tecnológico — um momento em que a convergência de inovações redefine nosso acesso a informações, bem como a maneira que trabalhamos, aprendemos e, sobretudo, como nos relacionamos uns com os outros.

A psicoterapeuta Esther Perel oferece uma visão instigante sobre essa mudança: "Agora nos aproximamos das pessoas com expectativas moldadas por nossos relacionamentos com máquinas." A tecnologia promete eficiência, precisão e conforto, mas as relações humanas são feitas de imprevisibilidade, imperfeições e esforço — elementos que nenhuma máquina pode replicar plenamente. Esse contraste entre o que a tecnologia oferece e o que os vínculos humanos demandam está no cerne dos desafios que enfrentamos hoje, uma tensão que nos obriga a refletir sobre o que queremos preservar em meio a tanto avanço.

E se o verdadeiro problema não for o excesso, mas o que deixamos de sentir diante dele?

> "Informação sem filtro não é sabedoria — é ruído."

A internet e as redes sociais trouxeram uma mudança sem precedentes na forma como a informação é produzida, compartilhada e consumida, um fenômeno que vai além do que poderíamos ter previsto há poucas décadas. Se antes o conhecimento passava pelo crivo de editores, jornalistas ou acadêmicos — figuras que atuavam como guardiões da qualidade e da veracidade —, hoje, qualquer pessoa com um celular e uma conexão pode criar e disseminar conteúdo para o mundo. Essa democratização tem um lado luminoso: vozes que antes eram silenciadas por falta de acesso ou poder agora têm espaço para se expressar. Movimentos sociais, artistas independentes e cidadãos comuns ganharam megafones digitais que amplificam suas mensagens. Mas há um custo a ser pago. O volume de dados gerados diariamente é tão vasto que o cérebro humano, projetado para processar informações de forma linear e em quantidades limitadas, simplesmente não consegue acompanhar. Esse fenômeno, conhecido como *infotoxicação*, torna-se uma das principais fontes de estresse, fadiga mental e confusão na era digital, um peso que carregamos sem perceber.

O que é infotoxicação?

■ Termo criado por Alfons Cornella para descrever o excesso de informações que recebemos diariamente — muito além do que conseguimos processar com qualidade. Quando tudo é urgente, nada é realmente absorvido. A sobrecarga informacional nos leva a distração constante, ansiedade, dificuldade de foco e exaustão cognitiva.

Saber tudo, mas sem entender nada, é o novo analfabetismo da era digital.

Somos constantemente bombardeados por estímulos que nos puxam em todas as direções: notificações de mensagens que exigem respostas imediatas, e-mails que se acumulam como uma pilha infinita, atualizações de redes sociais que nos mantêm rolando a tela sem parar, manchetes alarmistas que gritam por atenção e vídeos que começam a rodar automaticamente antes que possamos decidir se queremos assisti-los. Os algoritmos que regem plataformas como Facebook, X (antigo Twitter) e Instagram agravam o problema ao personalizar o que vemos, priorizando conteúdos que geram engajamento emocional, especialmente os mais sensacionalistas, polêmicos ou polarizadores. Um estudo da Universidade de Stanford (2020) mostrou que notícias falsas se espalham seis vezes mais rápido do que fatos verificados, pois apelam às emoções — como medo, raiva ou indignação. O resultado é um ciclo vicioso de consumo passivo, em que cada clique ou rolagem nos leva a mais informações, muitas delas irrelevantes, superficiais ou até mesmo enganosas, enquanto nossa capacidade de distinguir o essencial do trivial se erode lentamente. Um exemplo disso é a facilidade com que rumores sobre celebridades ou teorias conspiratórias ganham tração, enquanto reportagens detalhadas e verificadas passam despercebidas. O impacto vai além da mera distração, comprometendo nossa capacidade de refletir de forma crítica e aprender profundamente, habilidades que exigem tempo e silêncio, dois luxos raros na era digital.

Os efeitos psicológicos dessa sobrecarga são alarmantes e cada vez mais evidentes. Pesquisas da American Psychological Association indicam que o uso excessivo de redes sociais está ligado a níveis mais altos de ansiedade e depressão, sobretudo entre adolescentes, que passam horas navegando em mundos virtuais que raramente refletem a realidade. Adultos não estão imunes: a sensação de estar sempre "atrasado" em relação às notícias ou às demandas digitais — responder e-mails, acompanhar trends, manter-se relevante — gera uma pressão constante que prejudica o bem-estar. Para Perel, essa dinâmica tem implicações ainda mais profundas nas relações humanas: "Se você não tolera a incerteza, buscará alguém que ofereça certeza — e isso se chama autocracia." A tecnologia nos condicionou a esperar respostas instantâneas e soluções rápidas, mas a vida real, em especial os relacionamentos, exige paciência, dúvida e adaptação. Sem essa tolerância ao desconforto, corremos o risco de nos apegar a narrativas simplistas ou visões extremistas que prometem clareza em um mundo complexo.

Combater esse paradigma exige estratégias conscientes e deliberadas. Estabelecer limites claros é um primeiro passo: silenciar notificações desnecessárias, reservar horários específicos para checar o celular ou as redes sociais, criar pausas regulares para respirar longe das telas. Desenvolver o pensamento crítico é igualmente crucial, devemos sempre questionar a origem e a intenção por trás do que consumimos, e verificar fontes antes de aceitar ou compartilhar algo como fato. Ferramentas práticas também podem ajudar: bloqueadores de anúncios que reduzem o ruído visual, aplicativos que monitoram o tempo de tela e alertam quando exageramos, extensões de navegador que filtram conteúdos sensacionalistas, entre outros. O objetivo não é rejeitar a tecnologia, mas recuperar o controle sobre ela, transformando-a em uma aliada que nos serve, não em uma fonte de esgotamento que nos domina. Afinal, o excesso de informação não é o problema em si – é nossa incapacidade de geri-lo que nos paralisa.

As redes sociais, que nasceram com a promessa de conectar pessoas e aproximar o mundo, evoluíram para algo muito diferente do que seus criadores talvez imaginassem, tendo se tornado um mercado competitivo no qual a atenção é a moeda mais valiosa. Os algoritmos que governam essas plataformas foram projetados para maximizar o tempo que passamos nelas, priorizando conteúdos que despertam reações emocionais intensas. Um post calmo e equilibrado, como uma análise ponderada de um evento, raramente viraliza; já uma manchete polêmica ou um vídeo provocador, como um que mostre um político gritando ou um animal em perigo, pode alcançar milhões de visualizações em poucas horas. Essa lógica transforma os feeds em campos de batalha emocionais, onde o diálogo racional é frequentemente sufocado pelo barulho ensurdecedor das emoções amplificadas.

Um dos efeitos mais graves dessa dinâmica é a polarização social, um fenômeno que fragmenta comunidades e nações. Ao favorecer conteúdos extremos, as redes sociais criam bolhas de filtro e câmaras de eco, onde os usuários são expostos principalmente a opiniões que reforçam suas crenças pré-existentes. Um conservador verá mais posts alinhados ao seu pensamento, cheios de críticas à esquerda; um progressista será inundado por argumentos que validam sua visão, condenando a direita. Estudos do MIT (2018) mostram que essa segregação digital aumenta a hostilidade entre grupos e reduz a empatia por quem pensa diferente (um pai que deixa de falar com um filho por causa de um meme político que foi mal interpretado, por exemplo). Além disso, a velocidade com que as fake news e teorias conspiratórias se espalham nessas plataformas mina a confiança nas instituições e na própria ideia de uma verdade compartilhada. Na época da pandemia, sofremos com muita desinformação a respeito de como agir diante da crise e, posteriormente, sobre a eficácia das vacinas, que já eram comprovadamente eficazes antes de serem colocadas em circulação, de acordo com instituições científicas respeitáveis.

Mas há caminhos para resistir a essa corrente. Frederik Pferdt, ex-Chief Innovation Evangelist do Google, sugere um antídoto simples e poderoso: "Se você expressa gratidão de forma egoísta, ainda assim melhora a conexão humana." Pequenos gestos de reconhecimento ou gentileza (um comentário positivo em vez de uma crítica ácida, uma mensagem de apoio em vez de um ataque) podem romper o ciclo de negatividade que domina os espaços digitais. Para os usuários, isso significa adotar práticas como verificar fatos antes de compartilhar uma notícia, buscar fontes diversas para escapar das bolhas e evitar reações impulsivas a provocações online. Um exercício simples é pausar por dez segundos antes de responder a um post que irrita — muitas vezes, o impulso passa. Para as empresas de tecnologia, o desafio é maior: repensar os algoritmos para priorizar conteúdos que informem e unam, não apenas que dividam e gerem cliques. A responsabilidade é coletiva, uma vez que as redes sociais amplificam o que escolhemos alimentar, e cada um de nós tem um papel nisso.

O impacto da infotoxicação e da desinformação não se limita a uma geração, pois atinge a todos, ainda que de formas distintas, porém igualmente preocupantes. Os mais jovens, chamados de nativos digitais, cresceram com telas desde os primeiros anos, tendo dominado a técnica com uma naturalidade impressionante. Eles sabem configurar um aplicativo em segundos ou criar um vídeo viral em minutos. Mas essa familiaridade tem um preço: muitos lutam com a falta de foco, a ansiedade alimentada pela comparação constante e a dificuldade de construir empatia em um mundo em que as interações são mediadas por emojis e mensagens curtas. Um adolescente pode ter mil amigos virtuais, mas hesitar em iniciar uma conversa ao vivo. Já os idosos, que não nasceram nesse ambiente conectado, enfrentam barreiras ainda mais altas. Sem a mesma intimidade com o digital, eles se perdem em interfaces confusas ou jargões como "nuvem" e " stories". Essa falta de domínio os torna alvos fáceis de golpes ou de narrativas enganosas que circulam em grupos de WhatsApp, como curas milagrosas sem base científica. Um avô pode enviar um alerta falso à família com a melhor das intenções, sem perceber o erro.

Essa lacuna geracional exige uma resposta ampla e urgente: o letramento digital intergeracional. Ensinar pessoas de todas as idades a navegar no mundo online com senso crítico e responsabilidade é essencial para transformar a tecnologia em uma força de inclusão, não de exclusão. Isso envolve desde a compreensão dos mecanismos por trás da informação digital até a capacidade de reconhecer riscos e proteger a própria privacidade. Mais do que domínio técnico, trata-se de desenvolver uma consciência ativa sobre os impactos do digital em nossas escolhas, relações e percepções. Iniciativas comunitárias, políticas públicas e programas educacionais precisam se articular para tornar o acesso à informação mais seguro, equitativo e significativo. O objetivo é claro: fazer da tecnologia uma ponte para o conhecimento e o vínculo humano — não um abismo que nos afasta do outro.

A pandemia de COVID-19 foi um teste definitivo para o potencial da tecnologia — e para suas contradições. Diante do isolamento físico, ferramentas digitais se tornaram o elo entre pessoas separadas por quilômetros, permitindo encontros familiares por videochamadas, teleconsultas médicas e até celebrações virtuais. Plataformas de videoconferência, aplicativos de saúde e serviços de streaming aliviaram o peso dos dias solitários, mostrando como o digital pode sustentar vínculos, aprendizado e trabalho.

A educação e o trabalho também se reinventaram. Professores adaptaram aulas ao ambiente online, e equipes passaram a colaborar de forma remota. Mas essa digitalização expôs desigualdades estruturais: milhões de estudantes e trabalhadores foram deixados para trás por falta de internet, dispositivos ou espaços adequados. A tecnologia provou seu valor, mas também escancarou que a inclusão digital é uma urgência social — não apenas uma questão técnica.

Além de sua função prática, o digital também ofereceu um refúgio emocional durante os momentos mais duros da pandemia. Plataformas de streaming, lives e redes sociais ajudaram a aliviar o estresse da incerteza, mantendo a cultura e a conexão vivas em tempos de distanciamento. Mas esse mesmo cenário revelou suas fissuras: milhões ficaram à margem por falta de acesso, escancarando que a exclusão digital é, também, exclusão social.

Diante de tudo isso, surge uma questão essencial que nos acompanha para além da pandemia: como usar a tecnologia para fortalecer, e não enfraquecer, os laços humanos que nos definem? Perel reflete sobre essa tensão com clareza: "A promessa da tecnologia é eficiência, mas relacionamentos não são eficientes." Aplicativos de namoro usam inteligência artificial para prever compatibilidades com precisão algorítmica, assistentes virtuais como Alexa oferecem companhia sob medida com respostas perfeitas, e redes sociais nos cercam de conteúdos e pessoas que já sabemos que gostamos, eliminando surpresas. Mas, ao remover o esforço, a incerteza e o desconforto, corremos o risco de perder o que torna os vínculos reais tão ricos: a tolerância às imperfeições, o aprendizado que vem dos mal-entendidos, a coragem de permanecer presente mesmo quando não há garantias. Um algoritmo pode sugerir o par ideal, mas não ensina como lidar com uma briga ou um silêncio constrangedor, que são frustrações necessárias para a construção de qualquer relacionamento.

Ao nos acostumarmos à personalização e à previsibilidade das máquinas, podemos nos tornar menos pacientes com as falhas humanas, que são inevitáveis e, em certo sentido, belas. Uma conversa que não flui como um chat bem editado é descartada de imediato, dando vez a um deslizar de dedo para a próxima opção. Perel alerta para o custo disso: "Embora a tecnologia possa nos tornar mais compassivos conosco, ela jamais nos responsabilizará emocionalmente como um relacionamento exige." A empatia, esse fio invisível que sustenta as relações profundas, exige presença, não programação. Ela nasce nos momentos em que ouvimos sem interromper, quando tentamos entender um ponto de vista oposto ou quando seguramos a mão de alguém que chora. Nenhuma IA pode replicar isso, porque a empatia não é um cálculo — é um ato de entrega.

> "Somos rápidos para digitar e lentos para escutar."

Frederik Pferdt complementa essa visão com uma ideia simples, mas transformadora: "A conexão real acontece na reciprocidade." Um "obrigado" dito em um e-mail corrido, uma mensagem de apoio a um amigo distante, um elogio inesperado são gestos que, mesmo com segundas intenções, constroem pontes. Eles lembram que os laços humanos não dependem de perfeição, mas de intenção. O desafio é trazer essa reciprocidade para o digital, onde assistentes aprendem nossas preferências e nos entregam respostas sob medida, mas nunca nos pedem nada em troca. Como garantir que não perdemos a habilidade de lidar com a complexidade humana — os silêncios, os mal-entendidos, as emoções cruas — quando tudo ao nosso redor é tão convenientemente simplificado?

Equilibrar o digital e o presencial é o caminho para responder a essa pergunta. Desconectar-se em momentos de convivência (silenciar o celular durante um jantar, desligar as notificações em um encontro com amigos) ajuda a cultivar a atenção plena que os relacionamentos pedem. Priorizar interações cara a cara, como um café demorado com um colega ou um passeio tranquilo com a família, recria a profundidade que o virtual, por mais avançado que seja, não alcança. Um abraço carrega uma energia que nenhum emoji substitui; uma risada compartilhada ao vivo ecoa mais que um "haha" digitado.

A tecnologia não deve ser vista como vilã. Ferramentas como videoconferências conectam os distantes, permitindo que uma filha em outro país veja a mãe contar histórias de infância; plataformas de aprendizado online abrem portas a cursos que antes exigiam fortunas ou viagens. O segredo está na intenção com que a usamos. Como diz Perel: "Esperança não é uma espera passiva – é um processo ativo de reinterpretação e adaptação." Escolher como e quando nos conectamos define se essas ferramentas serão pontes para aproximar ou barreiras que nos isolam.

Reconhecendo os riscos do excesso digital, iniciativas têm surgido para promover um uso mais saudável e consciente dessas ferramentas. O movimento "Digital Detox" é um exemplo crescente: ele incentiva pausas regulares das telas, como um fim de semana sem celular ou uma hora diária sem Wi-Fi, permitindo que as pessoas reconectem-se consigo mesmas e com o mundo físico. Estudos mostram que essas pausas reduzem o estresse e melhoram o sono, recarregando energias mentais e emocionais gastas na correria online. Práticas de "Mindful Tech Use", ou "uso consciente da tecnologia", também ganham espaço, ensinando a refletir sobre o impacto de cada clique ou rolagem

— "Eu preciso mesmo ver isso agora?" — e a ajustar hábitos para evitar a sobrecarga. Um truque simples é deixar o celular em outro cômodo à noite, trocando-o por um livro ou uma conversa.

Empresas de tecnologia também estão entrando nesse movimento, respondendo à demanda por mais controle. Recursos como o "Screen Time" da Apple e o "Digital Wellbeing" do Google oferecem relatórios detalhados sobre o uso de dispositivos e permitem configurar limites para aplicativos específicos. Uma mãe pode definir um teto de 30 minutos para jogos no celular do filho; um profissional pode bloquear redes sociais durante o expediente. Essas ferramentas empoderam os usuários a tomar decisões informadas, promovendo uma relação mais saudável com as telas, que não seja ditada apenas pelo impulso. No campo educacional, o letramento digital ganha força nas escolas, preparando crianças e adolescentes para navegar no mundo online com olhos críticos. Programas ensinam a identificar fake news, compreender os algoritmos que filtram o que veem e evitar manipulações como anúncios disfarçados de notícias. Essas lições formam cidadãos digitais conscientes, capazes de usar a tecnologia como um meio de crescimento, não como uma corrente invisível.

A história humana é uma dança contínua entre inovação e adaptação, um equilíbrio que nos trouxe do fogo às estrelas. Cada avanço — a escrita que eternizou ideias, a imprensa que espalhou livros, a internet que uniu o planeta — trouxe benefícios extraordinários e desafios que testaram nossa resiliência. A revolução digital não é diferente: estamos apenas começando a compreender seus impactos e a aprender a conviver com eles de maneira equilibrada. Como observa a primeira autora deste livro, "O futuro das relações humanas não será determinado pelos avanços da inteligência artificial, mas pela nossa capacidade de permanecer humanos em meio a eles." Permanecer humano é escolher a presença nos silêncios desconfortáveis, a empatia diante das diferenças, a coragem de enfrentar o inesperado sem um roteiro pré-programado.

> "O que nos conecta não é a velocidade dos dados, mas a profundidade dos encontros."

A tecnologia não define quem somos — nossas escolhas, sim. Ela pode ser uma ponte que amplia conexões, como uma ligação que atravessa oceanos, ou um escudo que nos afasta do que nos torna únicos: a capacidade de criar laços autênticos, imperfeitos e profundamente reais. Que possamos usá-la com sabedoria, resgatando o valor da atenção plena e das interações genuínas em um mundo que nos puxa para a velocidade e a superficialidade. Que sigamos criando espaços — virtuais ou presenciais — onde a responsabilidade afetiva e a reciprocidade não sejam substituídas. Porque, no fim, o que nos conecta de verdade não é a eficiência de um algoritmo ou a perfeição de uma tela. É a presença, com todas as suas falhas e maravilhas, que nos faz humanos. Quando escolhemos estar de verdade, a tecnologia vira ponte, não barreira.

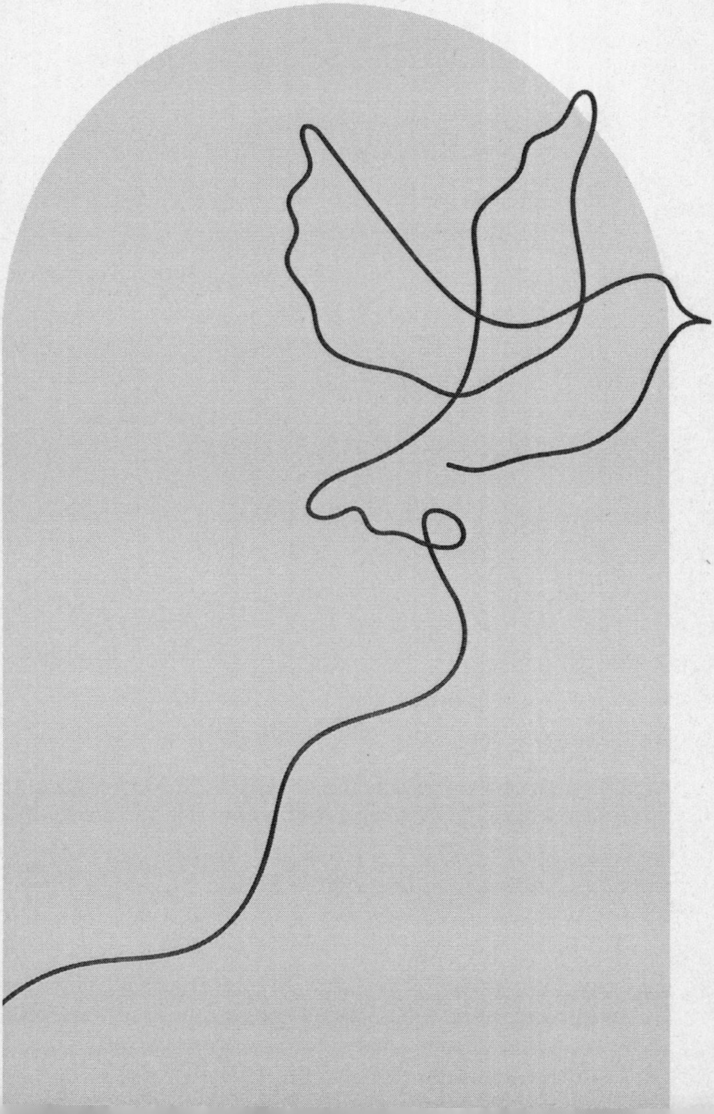

Capítulo 7

O que sustenta a esperança em tempos difíceis?

Às vezes,
tudo o que
precisamos é
de alguém que
fique.

Vivemos em um tempo estranho, tão veloz que mal conseguimos respirar. A vida escorre entre os dedos como areia fina: presente, mas difícil de segurar. A rapidez substituiu a escuta, não há mais espaço para pausas, para o som de uma voz que não seja interrompida pelo próximo compromisso, pela próxima notificação. A performance tomou o lugar do afeto: somos medidos por quantas tarefas riscamos da lista, quantos likes acumulamos, quantas horas conseguimos espremer em um dia que nunca é suficiente. E a ideia de felicidade, esse conceito que já foi simples como um domingo de sol, foi sequestrada por algoritmos que nos vendem promessas em telas brilhantes — um curso online que garante paz em dez lições, um feed que nos diz como deveríamos estar sorrindo, uma vida perfeita que não reconhecemos como nossa. Enquanto isso, as redes nos conectam em segundos — um "oi" enviado de São Paulo chega a Salvador antes que o café esfrie, uma foto postada em Recife é vista em Tóquio enquanto o sol ainda nasce. Mas, paradoxalmente, a solidão cresce, silenciosa como uma sombra que se alonga ao entardecer, infiltrando-se até mesmo nos lares mais cheios de vozes, nas rotinas mais conectadas, nos corações que batem cercados de gente, embora sintam um vazio inexplicável.

Olhe ao seu redor. Talvez você esteja em uma rua movimentada de Belo Horizonte, com buzinas e passos apressados, ou em um vilarejo quieto do interior do Pará, onde o canto dos pássaros ainda ecoa. Quantas pessoas passam por você com os olhos baixos, grudados em telas que prometem o mundo, mas entregam apenas fragmentos? Quantas delas, ao chegar em casa, fecham a porta e enfrentam um silêncio que não pediram, um silêncio que pesa mais que o barulho da rua? Hoje, estar sozinho não exige isolamento — a solidão moderna é sutil, disfarçada de conexão, vestida com o brilho de um celular que nunca dorme. E, no entanto, em meio a essa pressa, a essa desconexão que não confessamos, surge uma pergunta que não podemos ignorar: se a saída para esses tempos difíceis não estiver em respostas prontas, em fórmulas mágicas ou em um aplicativo sofisticado, poderiam estar em perguntas melhores, mais honestas, mais humanas?

> Nem toda conexão é companhia.

"Esperança não é dizer que tudo está bem. É dizer: as coisas não estão bem — mas eu consigo enxergar um caminho para algo melhor." Essas palavras da Dra. Laurie Santos — professora de psicologia e criadora do curso "A Ciência do Bem-Estar", um dos mais populares da Universidade Yale e da plataforma Coursera — caem sobre nós como um raio de luz em uma tarde nublada. Elas não oferecem conforto fácil, não embrulham a realidade em papel colorido para nos fazer esquecer as rachaduras. Pelo contrário, elas nos convidam a olhar de frente para o que dói, para o que pesa, para o que está quebrado e, ainda assim, encontrar força para dar um passo adiante. Esperança, como Santos define, não é ilusão, não é fuga, não é fechar os olhos e fingir que o mundo não treme. É uma escolha ativa, uma chama que acendemos com as mãos trêmulas, uma bússola que aponta caminhos mesmo quando o mapa está rasgado. Em um Brasil onde as notícias nos bombardeiam — como a seca no Centro-Oeste, enchentes no Sul, filas nos hospitais e promessas políticas que não saem do papel — essa esperança ativa é mais que uma ideia bonita: é um ato de resistência, um jeito de dizer que, apesar de tudo, ainda acreditamos que o amanhã pode ser diferente.

> “Esperançar é verbo de quem insiste, não de quem espera.”

A urgência de nos conectarmos uns aos outros nunca foi tão clara, tão palpável, tão necessária. Em um mundo fragmentado, onde as distâncias físicas diminuíram mas as emocionais cresceram, é nas pequenas trocas do cotidiano que encontramos os fios que nos costuram de volta ao todo — o "bom dia" trocado com o porteiro, o café compartilhado com um colega, a risada que escapa em uma conversa despretensiosa na padaria. São esses momentos, frágeis como teias de aranha, que cultivam sentimentos essenciais: pertencimento, essa sensação acalentadora de fazer parte de algo maior; segurança emocional, o chão firme que nos segura quando tudo balança; empatia, o olhar que diz "eu te vejo, eu te entendo". Mas, mesmo com esses fios ao nosso alcance, a solidão se instalou como uma epidemia global, um vírus invisível que atravessa oceanos e fronteiras, entrando em casas ricas e pobres, em cidades grandes e pequenas. No Brasil, ela é ainda mais sentida porque vai contra quem somos. Como foi que nos perdemos tanto de nós mesmos?

Dra. Laurie Santos traz números que nos sacodem da indiferença: mais de 60% dos jovens relatam uma ansiedade esmagadora, um peso no peito, uma sensação de que o mundo é grande demais, rápido demais, cruel demais para eles. Muitos dizem que não se sentem prontos para a vida adulta. Como encarar um emprego instável, uma conta que não fecha, um futuro que parece mais ameaça que promessa? Esses dados representam os rostos dos estudantes que lotam as universidades de Brasília, dos adolescentes que sonham nas periferias de Manaus, dos jovens que trocam o interior de Minas pela incerteza de São Paulo. O que está em jogo é o tecido social que nos une — os laços invisíveis que sustentam nossas quedas e celebram nossas vitórias. Se os jovens, que deveriam ser a energia do futuro, estão afundando em ansiedade e solidão, que tipo de mundo estamos construindo para eles? Que tipo de esperança podemos oferecer se não conseguimos nem segurar suas mãos?

> “Ensinar alguém a atravessar a dor é mais amoroso do que poupá-lo dela.”

“Nossos pais não se sentiam responsáveis pela nossa felicidade. Eles nos ensinaram a lidar com a tristeza e a decepção”, diz Michelle Obama, advogada, autora e ex-primeira-dama dos Estados Unidos, com uma sabedoria que atravessa gerações e nos faz parar para respirar. Suas palavras ecoam como um convite à reflexão, um lembrete de que o cuidado verdadeiro não é blindar alguém da dor, mas ensinar a atravessá-la, a caminhar por ela com a cabeça erguida. Em nosso contexto, essa ideia ressoa fundo: pense nas avós que criaram filhos com pouco mais que feijão e coragem, ou nos pais que, mesmo trabalhando de sol a sol, ainda encontravam tempo para contar histórias à noite. Eles não prometiam um mundo sem lágrimas — eles ensinavam seus filhos a secá-las, para seguir em frente. Hoje vivemos uma era em que se espera que tudo esteja bem o tempo todo — a tristeza virou falha, a felicidade, um troféu a ser exibido nas redes. Talvez, a maior prova de amor, como sugere Michelle, seja ensinar a atravessar as tempestades — não fingir que o céu está sempre azul.

Essa mudança de expectativa nos levou a um fenômeno que Santos chama de "adultescência", que define pessoas que chegam à vida adulta sem as ferramentas emocionais para lidar com o que é inevitável: a frustração de um plano que dá errado, a impermanência de um emprego que dispensa sem aviso prévio, a perda de alguém que não volta. No Brasil, isso é ainda mais evidente porque nossa história é feita de altos e baixos — crises econômicas que derrubam sonhos, chuvas que levam casas, promessas que viram pó. Antes, aprendíamos a resiliência na prática - o menino que vendia picolé na praia para ajudar em casa, a menina que costurava com a mãe para pagar a escola, o trabalhador que reconstruía tudo depois de uma enchente.

Hoje, a busca por "felicidade" virou uma meta mensurável, um KPI que perseguimos como se fosse uma nota no boletim, uma promessa de cursos online que dizem "seja feliz em 30 dias ou seu dinheiro de volta". Mas Santos alerta: essa busca desenfreada, alimentada pela comparação constante das redes sociais, está criando um novo tipo de sofrimento — o de nunca se sentir suficiente, mesmo quando a vida parece estar nos trilhos.

Pense em uma jovem com um emprego estável e uma vida aparentemente tranquila no Instagram, mas que se vê constantemente em comparação com os outros — e, de repente, o que tem já não parece suficiente. "Felicidade não é ter mais — é precisar de menos", diz Michelle Obama. Suas palavras nos desafiam a redimensionar o que esperamos da vida. Deveríamos buscar menos a euforia constante que as redes vendem, e mais a leveza possível, alcançável, mesmo quando o dia pesa, mesmo quando o dinheiro é curto, mesmo quando o futuro é uma névoa. No Brasil, onde o senso de sobrevivência de seu povo já ensinou a fazer muito com pouco, essa ideia não é nova; é um retorno ao que nossas mães e avós sabiam: que a alegria vem do que carregamos *dentro* de nós, não do que *mostramos*.

Diante do ruído das expectativas alheias, das telas, das vozes que dizem como deveríamos viver, Laurie Santos propõe caminhos simples, mas potentes, para restaurar a conexão humana e reacender a esperança que nos sustenta. Baseada na psicologia positiva e em anos de pesquisa sobre o que realmente nos faz bem, ela oferece meios que se baseiam em pequenas ações intencionais. Primeiro, crie sua comunidade de confiança. Pode ser um grupo pequeno, em meio ao qual você possa ser autêntico, possa tirar a máscara, possa dizer "estou com medo" ou "não sei o que fazer" e ser escutado sem julgamento. Pode ser a roda de amigos no bar da esquina, a família que se junta no Natal mesmo com as brigas, os vizinhos que dividem uma panela de feijoada no sábado. Conversas reais, cara a cara, curam mais que conselhos prontos de um post motivacional. Elas nos lembram que não estamos sozinhos, que alguém nos vê.

Segundo, pratique o "WWW" com o celular: *What for*? *Why now*? *What else*? — Para que? Por que agora? O que mais? — Antes de pegar o telefone pela milésima vez no dia, pergunte-se: para que estou fazendo isso agora? É para trabalhar, para me distrair, para preencher um vazio? Por que neste momento? Estou evitando algo, alguém, um pensamento? O que mais eu poderia estar fazendo? Lendo um livro, olhando o céu, falando com quem está ao meu lado? Em um país onde o celular é rei, esse exercício é um ato de rebeldia contra a distração constante, um jeito de recuperar o tempo que perdemos para telas que nos sugam sem dar nada em troca. Imagine que uma mãe em Goiânia, em vez de checar o WhatsApp enquanto o filho brinca, senta no chão com ele e ouve suas histórias, investindo minutos em algo que vale mais que mil mensagens.

Terceiro, aja com microesperança — pequenas ações intencionais que restauram o senso de possibilidade. Mande uma mensagem para um amigo que você não vê há meses, ouça com atenção um colega que parece perdido, doe uma hora do seu dia para ajudar um vizinho com algo simples, como carregar uma compra ou fazer um reparo. Para nós, brasileiros, isso costumava ser quase instintivo — o mutirão para levantar a casa de alguém após uma chuva, o prato de comida levado para alguém que está doente, o "se precisar, é só chamar" que sai do coração. Essas microações não mudam o mundo de uma vez, mas acendem luzes no escuro, provam que ainda temos poder sobre o que vem pela frente.

Em quarto lugar, observe o que contagia você. "Aquilo a que você se expõe emocionalmente é contagioso até mesmo no seu celular", alerta Santos. Emoções se espalham como fogo — a raiva de um vídeo polêmico, o medo de uma manchete alarmista, a inveja de uma foto perfeita. Escolha com cuidado o que você deixa entrar: um podcast que inspira, uma música que acalma, uma conversa que eleva. Em um mundo digital que nos bombardeia, esse filtro é uma forma de proteger a esperança que carregamos.

Esses caminhos funcionam na prática. Um estudante que cria uma rede de apoio com colegas, uma mãe que decide largar o celular por alguns minutos e se entrega ao momento presente com o filho, um motorista que ouve com empatia um passageiro cansado — são gestos simples, mas capazes de reacender a esperança. Cada pausa consciente, cada gesto intencional, cada conversa real costura a rede invisível que nos segura quando tudo balança. Não precisamos transformar o mundo de uma vez — basta acender pequenas luzes onde estamos.

> O mundo não muda de repente. Ele muda de pessoa em pessoa.

Que futuro queremos construir com tudo isso? Essa é a pergunta que Santos nos deixa, um desafio que não podemos ignorar. Se queremos um mundo mais saudável, um Brasil onde as crianças riam nas ruas, os idosos tenham companhia, os jovens vejam um horizonte que não assuste, precisamos tratar os sentimentos com seriedade. Dor, incerteza, solidão não são sinais de fraqueza, mas potências de transformação, matérias-primas que podemos transmutar com coragem e cuidado. Falar sobre o que sentimos deixou de ser um luxo e se tornou uma urgência coletiva, uma necessidade básica. No Brasil, onde já enfrentamos tantas crises com o peito aberto — a ditadura que calou vozes, a inflação que esvaziou bolsos, as enchentes que levaram tudo —, sabemos que a esperança não vem de graça. Ela é construída, tijolo por tijolo, conversa por conversa, olhar por olhar.

"Estar presente é o que transforma", afirma a primeira autora. Um pensamento simples que se volta ao essencial. Não se trata de ter todas as respostas, de consertar o mundo com um estalar de dedos, de apagar as dores com promessas vazias. Trata-se de estar aqui, agora, de verdade. Ouvir sem pressa, segurar a mão de quem treme, criar espaços onde a vulnerabilidade não seja um peso, mas uma ponte. Pode ser o café na varanda com um amigo que perdeu o emprego, a roda de crianças brincando na praça que os vizinhos limparam juntos, o abraço dado sem aviso em alguém que precisava. Pequenos gestos, escutas verdadeiras, comunidades seguras têm o poder de reconfigurar como vivemos juntos, de transformar o caos em algo que possamos carregar, de fazer o futuro parecer menos um abismo e mais um caminho.

A esperança que sustenta em tempos difíceis não é um presente que cai do céu — é uma escolha que fazemos todos os dias, um fogo que mantemos aceso com o coração aberto. Ela vive nas feiras onde o papo flui, nas famílias que se juntam mesmo com pouco, nas ruas onde o som do tambor ainda ecoa. Ela não nega as rachaduras — as contas que não fecham, os dias que pesam, as perdas que cortam. Mas ela nos dá olhos para ver além delas, pés para caminhar apesar delas, vozes para dizer que não estamos sozinhos. O futuro que buscamos começa com a coragem de sentir — medo, dor, saudade — e com o compromisso de atravessar tudo isso juntos, de mãos dadas, passo a passo, até que o amanhecer seja mais que uma promessa. Porque, como Santos nos lembra, as coisas não estão bem, mas, se nos conectarmos, se agirmos, se ousarmos esperançar, podemos encontrar um caminho para algo melhor. Esperar juntos é mais poderoso do que esperar sozinhos.

PAUSA PARA PENSAR

> As mudanças não estão chegando. Elas já começaram, e nós fazemos parte delas.

A cada capítulo, vimos algo que não está no horizonte, mas no agora. Essas transformações não são tendências que observamos de longe, são estruturas sociais que estão sendo ressignificadas diante dos nossos olhos. E, mais do que isso, nós somos parte ativa dessa construção.

A queda na natalidade, o avanço da longevidade, o cansaço emocional, a busca por conexão, a crise climática, o excesso de estímulos, a persistência da esperança: tudo isso nos atravessa como indivíduos, mas também como líderes, profissionais, famílias e cidadãos.

Não dá mais para pensar em trabalho, relações pessoais ou escolhas cotidianas sem considerar essas novas forças. Elas estão pedindo escuta, ação e presença. Estão nos convidando a repensar a forma como cuidamos, colaboramos e convivemos — em casa, nas ruas, nas empresas.

Não estamos mais falando de adaptar modelos prontos.

Estamos falando de criar novos caminhos, mais alinhados com o mundo como ele realmente é e com as pessoas como elas realmente vivem.

Reflexões para aplicar no trabalho e na vida

1. O que a queda na natalidade nos ensina sobre vínculos e pertencimento, nas famílias, nos times, nas comunidades?
2. Estamos preparados para acolher a longevidade como potência, dentro de casa e também nas empresas?
3. Como podemos levar a saúde emocional para além dos discursos e criar espaços verdadeiros de escuta, cuidado e segurança psicológica?
4. Que decisões do dia a dia, pessoais ou profissionais, podem expressar um compromisso real com um futuro mais sustentável?
5. Em tempos de hiperconexão, o que estamos fazendo para transformar contatos em vínculos reais, tanto nas equipes quanto nas relações pessoais?
6. Como equilibramos o excesso de informação com a profundidade de atenção, escuta e presença?
7. O que significa, na prática, cultivar ambientes onde as pessoas se sintam seguras para serem quem são e contribuírem com autenticidade?
8. Nossas rotinas fortalecem ambientes de confiança ou perpetuam relações baseadas apenas em performance?
9. Como transformar momentos de cansaço e de-

sânimo em pausas produtivas que fortaleçam a saúde coletiva?

10. Como podemos cultivar pequenos gestos de empatia que ajudem a transformar culturas e fortalecer vínculos?

Esse é o convite que fica ao fim desta parte: olhar para essas forças não como espectador, mas como protagonista. Assumir o papel de quem não apenas entende o mundo em mudança, mas escolhe agir com consciência dentro dele.

Porque essas transformações não pedem respostas prontas. Elas pedem presença. Coragem. E, sobretudo, empatia.

A verdadeira revolução não acontece só nos grandes movimentos, mas nos gestos cotidianos — na escuta atenta, na decisão mais cuidadosa, na escolha de construir pontes quando seria mais fácil levantar muros.

Afinal, o futuro que queremos não será entregue. Ele será cultivado — nas relações que escolhemos nutrir, nas práticas que decidimos transformar, nas conversas que nos dispomos a ter.

Não se trata de acompanhar tendências. Trata-se de reconhecer que estamos todos, agora, no processo de criar novos modos de viver, conviver e trabalhar.

E talvez esse seja o maior poder que temos: usar a empatia como ponto de partida para transformar nossa presença em um ato de mudança.

DEMOGRAFIA É O DESTINO

Capítulo 8

Nova pirâmide demográfica e o fim da juventude predominante

Quando a base da pirâmide se estreita, o futuro pede outros alicerces.

A demografia sempre moldou o destino das sociedades, não apenas por números frios, mas por tudo que eles revelam sobre como vivemos, trabalhamos e nos relacionamos. Desde os primórdios das civilizações, mudanças populacionais têm sido catalisadoras de grandes revoluções. Por exemplo, o crescimento populacional durante a Revolução Agrícola permitiu o surgimento das primeiras cidades e Estados organizados, enquanto a queda das taxas de natalidade nas décadas seguintes refletiu a transição para sociedades mais urbanizadas e industrializadas. Hoje, estamos diante de uma nova revolução demográfica: a coexistência simultânea de cinco gerações distintas, uma situação inédita na história humana.

> “Demografia é muito mais do que números. É sobre como vivemos, amamos e envelhecemos.”

Essa coexistência multigeracional está redefinindo os paradigmas tradicionais de trabalho, consumo, envelhecimento e convívio social. Em um passado não tão distante, era comum pensar em uma sociedade dividida entre jovens e idosos, na qual os primeiros representavam a força motriz do progresso e os segundos eram vistos como dependentes ou menos ativos. No entanto, essa visão simplista já não faz sentido no contexto atual. As gerações maduras estão assumindo papéis cada vez mais centrais na economia e na sociedade, contribuindo ativamente para o mercado de trabalho, impulsionando inovações e influenciando tendências culturais. O impacto dessa mudança vai além de questões puramente numéricas, exigindo uma reavaliação profunda de como empresas, governos e instituições lidam com diferentes públicos.

> Cinco gerações, um mesmo tempo. Nunca estivemos tão juntos e tão diferentes.

No mercado de trabalho, por exemplo, a diversidade etária traz desafios e oportunidades únicas. Empresas precisam criar ambientes inclusivos que valorizem tanto a experiência acumulada pelos profissionais maduros quanto a criatividade e adaptabilidade dos jovens. No campo do consumo, marcas estão percebendo que estratégias de marketing baseadas exclusivamente em públicos jovens deixaram de ser suficientes. O chamado "mercado prateado", voltado para consumidores acima dos cinquenta anos, ganha destaque como uma das áreas de maior potencial econômico. Além disso, a convivência intergeracional está transformando a dinâmica familiar e comunitária. Lares onde três ou quatro gerações compartilham o mesmo espaço tornam-se mais comuns, exigindo soluções inovadoras em termos de moradia e cuidado. Modelos como o *coliving*, que combinam independência individual com suporte coletivo, começam a ganhar relevância como alternativas viáveis para atender às necessidades de diferentes faixas etárias.

Definição de coliving
O coliving representa uma nova abordagem à moradia compartilhada onde cada morador possui seu espaço privativo (quarto), enquanto compartilha áreas comuns como cozinha, sala e demais ambientes do imóvel.
Este modelo vai além do simples compartilhamento de espaço físico, fundamentando-se em valores como:

- Senso de comunidade e colaboração entre moradores.
- Troca constante de experiências e conhecimentos
- Práticas sustentáveis no dia a dia.
- Economia colaborativa, priorizando o compartilhamento de bens e serviços em vez da aquisição individual.

Em suma, a demografia deixou de ser apenas um campo de estudo acadêmico para se tornar uma questão central para o futuro das sociedades modernas. Governos, empresas e indivíduos precisam reconhecer que estamos diante de uma mudança estrutural sem precedentes, que exige adaptação e criatividade. O Brasil, em particular, está vivendo uma transição demográfica acelerada, em que a juventude predominante no passado dá lugar a uma população cada vez mais madura. Essa transformação é, ao mesmo tempo, um desafio e uma oportunidade para construir uma sociedade mais equilibrada, inclusiva e preparada para o futuro.

A história mostra que toda virada populacional redefine o rumo das sociedades. Foi assim com o Império Romano, cuja expansão e queda acompanharam o ritmo demográfico; com a Revolução Industrial, alimentada por crescimento populacional e urbanização; e com o baby boom do pós-guerra, que acelerou o consumo e a inovação. Hoje, o Brasil cruza sua própria fronteira geracional.

Hoje, testemunhamos uma nova fase na história da demografia global. Países como China e Índia, com bilhões de habitantes, estão se consolidando como potências econômicas e geopolíticas, enquanto nações com populações envelhecidas, como Japão e Itália, enfrentam pressões para reformular seus sistemas de previdência e imigração. No Brasil, a transição demográfica está criando um cenário em que a população adulta começa a superar numericamente os jovens, exigindo novas abordagens em áreas como mercado de trabalho, consumo e políticas públicas. Esses exemplos históricos e contemporâneos destacam a importância da demografia como uma força estrutural que interfere no destino das nações. Famílias, negócios, governos e sociedades inteiras são influenciados pelas mudanças populacionais, que determinam oportunidades e desafios em escala global. Compreender e antecipar essas mudanças é essencial para planejar o futuro de forma estratégica e inclusiva.

No início do século XX, a expectativa de vida no Brasil era de 33 anos — reflexo da alta mortalidade infantil e da pobreza extrema. As décadas seguintes trouxeram urbanização, acesso à saúde e queda nas taxas de fecundidade.

Hoje, vivemos mais, temos menos filhos e formamos uma sociedade madura — pronta para novos modelos de vida, trabalho e consumo.

Com o passar das décadas, a urbanização e os avanços médicos começaram a redesenhar esse panorama. Em 1950, a expectativa de vida no Brasil já havia subido para 43 anos, marcando o início de uma transformação significativa. Embora a taxa de fecundidade continuasse alta, a industrialização começou a alterar o perfil da população. As cidades começaram a crescer, atraindo pessoas das áreas rurais em busca de melhores oportunidades. A educação passou a desempenhar um papel mais central na formação profissional, e as mulheres começaram a ter menos filhos à medida que ingressavam no mercado de trabalho. Durante as décadas de 1960 e 1970, essa transição acelerou ainda mais. O Brasil ainda era jovem, mas a natalidade começou a cair drasticamente. Se em 1960 a taxa de fecundidade era de seis filhos por mulher, hoje esse número caiu para 1,6, bem abaixo da taxa de reposição populacional, que é de aproximadamente 2,1 filhos por mulher. Essa transformação demográfica não foi exclusiva do Brasil, sendo parte de uma tendência global observada em muitos países. A urbanização trouxe consigo mudanças econômicas, sociais e culturais. Famílias menores passaram a ser a norma, e o papel das crianças na sociedade começou a mudar. De simples trabalhadores agrícolas, elas se tornaram estudantes e futuros profissionais qualificados, refletindo uma nova visão de mundo em que o investimento em educação e qualificação era visto como fundamental para o progresso pessoal e nacional.

Assim, a evolução demográfica do Brasil ao longo do século XX ilustra claramente como as mudanças populacionais moldaram o desenvolvimento do país. Da alta mortalidade e das famílias numerosas do início do século XX à urbanização e queda da natalidade das décadas seguintes, cada fase trouxe desafios e oportunidades que continuam a influenciar a sociedade brasileira até hoje. Esta jornada histórica serve como um lembrete poderoso de que a demografia é o guia para o futuro.

Retrato da pirâmide etária brasileira
Expectativa de vida no Brasil

1900	1950	2023
33 Anos	43 Anos	77 Anos

Taxa de fecundidade

1960	2023
6 filhos por mulher	1,6 filhos por mulher

E, olhando para o futuro, as projeções demográficas do Brasil pintam um quadro inevitável: estamos caminhando para uma sociedade predominantemente envelhecida. Até 2030, um quarto da população brasileira terá mais de sessenta anos, e, até 2050, espera-se que 40% do país seja composto por indivíduos maduros (IBGE, 2024).

> Imagine uma pirâmide etária tradicional, larga na base e fina no topo. Agora, vire essa figura de cabeça para baixo — é esse o novo formato que o Brasil começa a assumir.

Este cenário, embora desafiador, apresenta uma série de oportunidades significativas para diversas áreas da sociedade, especialmente no mercado de trabalho. Nesse contexto, uma força de trabalho envelhecida requer uma revisão completa dos modelos tradicionais de emprego. A ideia de que as pessoas devem se aposentar aos sessenta, abrindo espaço para os mais jovens, já não é mais viável ou sustentável. Com o aumento da expectativa de vida, os profissionais maduros continuarão ativos por períodos muito mais longos, trazendo consigo uma vasta experiência acumulada ao longo de décadas. Esta experiência é um ativo valioso, e empresas que conseguirem aproveitar essa riqueza terão uma vantagem competitiva significativa.

Projeções até 2050

- 1 em cada 4 brasileiros terá mais de 60 anos até 2030.
- 40% da população será madura até 2050.
- Taxa de fecundidade: 1,6 filhos por mulher (abaixo da reposição).

Fonte: IBGE

Atualmente, já enfrentamos dificuldades em substituir mão de obra qualificada em diversos setores. A saída precoce de profissionais experientes pode resultar em uma perda substancial de conhecimento e habilidades críticas. Portanto, é imperativo que as organizações adaptem suas políticas de trabalho para acomodar e valorizar seus funcionários mais velhos. Isso pode incluir programas de flexibilização de horários, oportunidades de trabalho remoto, e iniciativas de aprendizado contínuo que permitam que os trabalhadores maduros mantenham suas competências atualizadas. Além disso, a inclusão de profissionais mais velhos no mercado de trabalho pode servir como uma ponte entre diferentes gerações, promovendo a troca de conhecimentos e experiências. Programas de mentoria, nos quais os mais velhos orientam os mais jovens, podem ser extremamente benéficos, criando um ambiente de trabalho mais colaborativo e inovador. Por fim, a retenção de talentos maduros não só beneficia as empresas, mas também contribui para a economia em geral. Profissionais que permanecem ativos por mais tempo continuam a contribuir economicamente, mantendo seu poder de compra e participando ativamente do mercado. Isso é crucial para sustentar o crescimento econômico em um cenário em que a população jovem está diminuindo.

Portanto, a preparação do mercado de trabalho para uma força de trabalho envelhecida vai além de uma questão de responsabilidade social, sendo também uma estratégia essencial para o sucesso econômico futuro. As empresas que abraçarem esta mudança estarão mais bem posicionadas para prosperar em um Brasil que está envelhecendo rapidamente.

> A idade avança, e com ela, novas possibilidades.

O envelhecimento da sociedade brasileira não deve ser visto como um obstáculo, e sim como uma oportunidade única para reconfigurar a economia e atender às novas demandas de um público em constante crescimento: os consumidores maduros. Como já mencionado, o mercado prateado já movimenta mais de dois trilhões de reais anualmente no Brasil, um número que reflete seu poder de compra e influência no consumo nacional. Contrariando a ideia de que o envelhecimento significa menor produtividade ou menor participação econômica, os maduros estão demonstrando que envelhecer pode ser sinônimo de qualidade de vida, consumo consciente e engajamento ativo em diversas áreas do mercado.

Eles não se limitam a categorias tradicionais associadas à terceira idade — como medicamentos e cuidados de saúde, e estão ampliando suas preferências para incluir tecnologia, turismo, esportes e até mesmo moda. Como já vimos, essa população está mais conectada do que nunca, utilizando smartphones, tablets e outros dispositivos digitais para acessar informações, fazer compras online e manter-se socialmente ativa. Além disso, os maduros buscam produtos e serviços que ofereçam praticidade, conforto e personalização, características que têm levado empresas a repensar suas estratégias de marketing e desenvolvimento de produtos.

> Eles não querem só viver mais. Querem viver melhor.

No setor de saúde, por exemplo, o envelhecimento populacional impulsiona a demanda por serviços médicos especializados, tecnologias assistivas e soluções voltadas para o bem-estar. Dispositivos de monitoramento de saúde, aplicativos de telemedicina e equipamentos domésticos adaptados são apenas algumas das inovações que estão ganhando espaço no mercado. Já no turismo, os maduros representam uma fatia crescente dos viajantes, buscando experiências que combinem conforto, segurança e atividades culturais. Destinos que oferecem infraestrutura adequada e pacotes personalizados para essa faixa etária têm registrado um aumento significativo na demanda. Outro setor que se beneficia diretamente do envelhecimento populacional é o de moradia. Com o aumento da expectativa de vida, surge a necessidade de residências adaptadas às necessidades dos idosos, como espaços sem barreiras arquitetônicas, automação residencial e comunidades de coliving. Essas soluções atendem às demandas práticas dos maduros, promovendo também uma melhor qualidade de vida, permitindo que eles mantenham sua independência por mais tempo.

> Morar bem também é envelhecer bem.

A tecnologia desempenha um papel crucial nessa transformação. Empresas que investem em produtos e serviços voltados para os consumidores maduros estão descobrindo um campo vasto de oportunidades. Aplicativos de transporte, plataformas de entretenimento e até mesmo redes sociais específicas para essa faixa etária estão ganhando popularidade. Além disso, a economia do cuidado, que inclui serviços de assistência domiciliar, acompanhamento médico e apoio emocional, está emergindo como um dos setores mais promissores, com potencial para gerar milhões de empregos nos próximos anos. O envelhecimento da sociedade, portanto, não representa um declínio econômico. Esse novo prisma oferece uma chance de reinvenção. O Brasil tem diante de si um mercado próspero e pouco explorado, que pode ser a chave para uma economia mais resiliente e inclusiva no futuro.

O sistema previdenciário brasileiro, concebido em uma época em que a expectativa de vida era significativamente menor e a base da pirâmide demográfica era larga o suficiente para sustentar o topo, está enfrentando um colapso. Hoje, com menos jovens entrando no mercado de trabalho e um número crescente de idosos se aposentando, a sustentabilidade desse modelo está seriamente ameaçada. A reformulação da política de aposentadoria tornou-se uma necessidade urgente para garantir que o sistema continue funcionando de maneira justa e eficiente. Uma das principais medidas adotadas recentemente foi o aumento da idade mínima para aposentadoria. Essa mudança, embora controversa, reflete a realidade de uma população que vive mais tempo e, consequentemente, precisa permanecer ativa no mercado de trabalho por períodos mais longos. No entanto, ajustar a idade de aposentadoria não basta. Para enfrentar os desafios estruturais do sistema, é essencial incentivar a previdência complementar, que permite aos trabalhadores acumular recursos adicionais para compor suas rendas após a aposentadoria. Essa abordagem reduz a pressão sobre o sistema público e oferece maior segurança financeira aos indivíduos.

Além disso, é fundamental criar mecanismos que garantam que os trabalhadores mais velhos possam continuar produtivos. Isso inclui a implementação de novos formatos de emprego, como contratos parciais, temporários ou projetos específicos, que sejam mais adequados às capacidades físicas e preferências dos profissionais maduros. Capacitações e programas de requalificação ao longo da vida também são cruciais para manter esses trabalhadores atualizados e competitivos no mercado de trabalho. Investir em educação continuada não apenas beneficia os próprios trabalhadores, mas também fortalece a economia ao preservar e expandir o capital humano disponível. Outra estratégia importante é a criação de incentivos fiscais para empresas que contratam ou mantêm trabalhadores mais velhos. Isso pode incluir reduções de impostos, subsídios ou outras formas de apoio que tornem financeiramente viável para as empresas incorporar essa força de trabalho experiente. Ao mesmo tempo, políticas públicas devem promover a inclusão digital e tecnológica dos maduros, capacitando-os para ocupar posições em setores emergentes e garantindo que não fiquem à margem das transformações econômicas.

Por fim, a reformulação do sistema previdenciário deve ser acompanhada de uma mudança cultural. É necessário desconstruir a ideia de que a aposentadoria marca o fim da vida produtiva e substituí-la por uma visão que valorize a contribuição contínua dos mais velhos. Essa mentalidade beneficia indivíduos e fortalece a sociedade como um todo, criando um ciclo virtuoso de inclusão, produtividade e bem-estar. O Brasil tem diante de si um desafio complexo de construir um sistema previdenciário mais justo, sustentável e adaptado às necessidades de uma população em constante transformação.

Durante grande parte da história, o envelhecimento foi erroneamente associado à perda de relevância social e econômica. Essa mentalidade, que confinava os mais velhos a papéis secundários ou marginalizados, está rapidamente se tornando obsoleta em um mundo onde a longevidade é uma conquista cada vez mais comum. Hoje, pessoas com 60, 70 e até 80 anos estão redefinindo o que significa envelhecer, desafiando estereótipos e demonstrando que a maturidade pode ser um período de realização pessoal, criatividade e contribuição ativa para a sociedade. Esse fenômeno põe em xeque narrativas antigas e exige uma análise empática e humanizada dos dados demográficos, que vão além dos números para revelar histórias de resiliência, reinvenção e propósito.

Um exemplo marcante dessa transformação é o crescente número de empreendedores maduros. Muitos indivíduos, ao se aposentarem ou reduzirem suas cargas horárias no mercado formal, decidem iniciar negócios próprios. Esses empreendimentos, muitas vezes baseados em décadas de experiência e conhecimento acumulado, vão desde consultorias especializadas até startups inovadoras em áreas como tecnologia e sustentabilidade. Um estudo recente mostrou que o índice de sucesso de empreendedores com mais de cinquenta anos é significativamente maior do que o de jovens, graças à combinação de expertise técnica, rede de contatos consolidada e maior controle emocional frente aos desafios. Esses exemplos demonstram que a idade não é um limite, mas uma vantagem competitiva quando aliada a visão estratégica e a disposição para aprender (USP, 2024).

> "Experiência é o novo capital."

Além do empreendedorismo, a retomada dos estudos também está ganhando destaque como um símbolo dessa nova era. Universidades e plataformas de ensino online relatam um aumento expressivo no número de alunos maduros matriculados em cursos de graduação, pós-graduação *lato sensu* e até doutorado. Para esses estudantes, a busca por conhecimento é mais do que uma forma de ocupar o tempo: é uma oportunidade de reinventar carreiras, explorar novos interesses ou contribuir para áreas de pesquisa que sempre despertaram curiosidade. Essa tendência reflete uma mudança profunda na mentalidade social: o aprendizado ao longo da vida está se tornando a norma, e a idade cronológica não é mais um fator determinante para o desenvolvimento pessoal ou profissional. O envelhecimento, portanto, deve ser encarado como uma conquista, não como um fardo. Longe de ser uma fase de declínio, ele pode ser um momento de expansão, em que experiências acumuladas ao longo da vida se convertem em sabedoria prática e inovação. Esse novo olhar exige que analistas, formuladores de políticas e líderes empresariais adotem uma abordagem mais empática e contextualizada ao interpretar os dados demográficos. Não basta identificar tendências ou projetar cenários econômicos; é preciso entender que estamos falando de pessoas reais, com histórias únicas e aspirações legítimas. Cada número representa uma vida, cada estatística reflete uma trajetória, e cada projeção aponta para um futuro que pode ser moldado de forma positiva se abraçarmos a diversidade etária como uma força motriz para o progresso.

Essa perspectiva empática também tem implicações práticas. Políticas públicas, por exemplo, devem ser desenhadas para atender às necessidades específicas dos maduros sem perpetuar a ideia de que são dependentes ou incapazes. Programas de incentivo ao empreendedorismo, bolsas de estudo para educação continuada e campanhas de conscientização sobre os benefícios da longevidade ativa são exemplos de iniciativas que podem transformar a narrativa sobre o envelhecimento. Ao reconhecer e celebrar as contribuições dos mais velhos, estamos construindo uma sociedade mais equilibrada, resiliente e preparada para enfrentar os desafios do futuro. O envelhecimento populacional não é uma crise, mas uma oportunidade para reimaginar o que significa viver plenamente em todas as etapas da vida.

A convivência intergeracional está se tornando uma realidade cada vez mais presente, impulsionada pela nova demografia que vê um aumento significativo na proporção de pessoas maduras na população. Este cenário exige uma reavaliação das estruturas habitacionais tradicionais e uma adaptação às necessidades de diferentes gerações que agora compartilham o mesmo espaço. Modelos de moradia inovadores estão emergindo como soluções viáveis e eficazes para atender a essa nova configuração social. O coliving por exemplo, é uma forma de habitação comunitária que permite aos idosos viverem de maneira independente, mas com o suporte necessário de uma comunidade. Neste modelo, cada unidade habitacional é autossuficiente, proporcionando privacidade, mas os espaços comuns são projetados para facilitar a interação social e o apoio mútuo. Áreas como cozinhas compartilhadas, jardins comunitários e salas de lazer promovem a convivência entre gerações, criando um ambiente onde o conhecimento e a experiência podem ser trocados livremente. Este tipo de arranjo melhora a qualidade de vida dos residentes mais velhos, e oferece aos mais jovens a oportunidade de aprender com a sabedoria acumulada pelos mais experientes.

Além das inovações em moradia, a economia do cuidado está se consolidando como um dos setores mais promissores no contexto do envelhecimento populacional. À medida que a população madura cresce, aumenta a demanda por serviços que garantam o bem-estar e a autonomia desses indivíduos. Serviços de assistência domiciliar, cuidadores especializados e tecnologias assistivas são exemplos de áreas que estão ganhando destaque. Estas soluções não apenas proporcionam cuidados essenciais, mas também permitem que os idosos mantenham sua independência por mais tempo, melhorando sua qualidade de vida e reduzindo a pressão sobre as instituições de saúde pública. Para acompanhar essas novidades, políticas públicas precisam ser adaptadas para garantir que os mais velhos tenham acesso a serviços de saúde e bem-estar que realmente atendam às suas necessidades. Isso inclui investimentos em infraestrutura médica, programas de prevenção e promoção da saúde, e treinamento de profissionais especializados no cuidado geriátrico. Além disso, incentivos fiscais e subsídios podem ser implementados para estimular o desenvolvimento de tecnologias e serviços voltados para o mercado prateado, criando um ecossistema sustentável que beneficie tanto os consumidores quanto os prestadores de serviços.

Em suma, a convivência intergeracional e o envelhecimento populacional estão remodelando as estruturas de moradia e os setores de cuidado no Brasil. Soluções como o coliving e a economia do cuidado respondem às necessidades imediatas da população madura e pavimentam o caminho para uma sociedade mais inclusiva e adaptada às demandas de todas as gerações. Este é um campo fértil de oportunidades que, se bem explorado, pode transformar desafios demográficos em avanços sociais e econômicos significativos.

O Brasil, em particular, está vivendo uma transição demográfica acelerada. A queda nas taxas de natalidade, o aumento da expectativa de vida e a urbanização estão criando um cenário único, onde a população mais velha começa a superar numericamente a população jovem. Esse fenômeno não é exclusivo do Brasil, mas faz parte de uma tendência global que está redefinindo o papel das diferentes faixas etárias na sociedade. No entanto, o que diferencia o Brasil é a velocidade com que essas mudanças estão ocorrendo, exigindo uma resposta rápida e estratégica. Governos, empresas e indivíduos precisam reconhecer que a demografia é o guia para o futuro. Compreender e antecipar as mudanças populacionais é essencial para planejar políticas públicas, desenvolver produtos e serviços e criar ambientes de trabalho inclusivos.

> “Não se trata de uma crise populacional. É uma nova arquitetura social sendo desenhada diante dos nossos olhos.”

A pergunta já não é mais “como lidar com o envelhecimento da população?”, mas sim: “o que podemos construir com ele?” Se cinco gerações compartilham o mesmo tempo, o que nos falta é coragem para criar juntos um novo pacto social — mais sábio, mais empático, mais humano. Porque o futuro, ao contrário do que imaginávamos, não é jovem — é coletivo.

Estamos preparados para a nova demografia?

✓ Incentivo ao trabalho maduro
✓ Política de moradia intergeracional
✓ Inclusão digital para 60+
✓ Economia do cuidado estruturada
✓ Reformas previdenciárias sustentáveis

Estamos diante de
uma nova revolução
demográfica:
a coexistência
simultânea de cinco
gerações distintas.

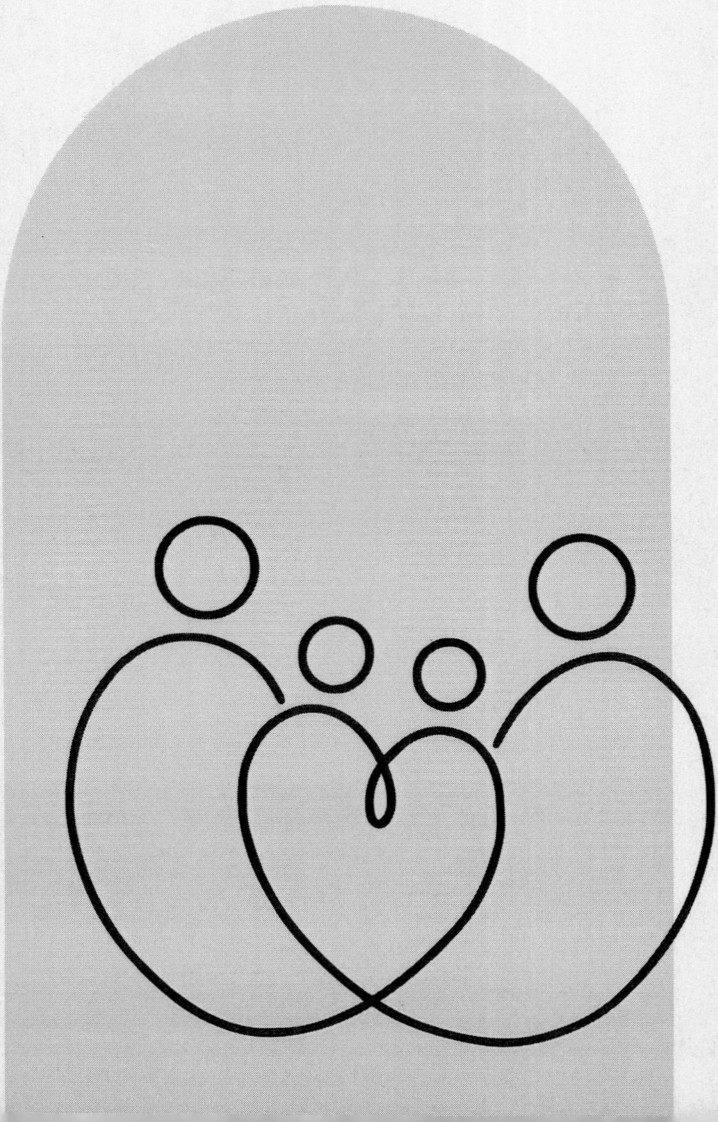

Capítulo 9

Diversidade familiar e os novos lares do século XXI

Família não é mais sobre quem mora junto, mas sobre quem se escolhe para ficar.

Nossos lares já não cabem mais em moldes antigos. A estrutura familiar contemporânea está em plena transformação, refletindo um mundo onde os afetos são mais diversos e as escolhas de vida mais plurais. O modelo tradicional — pai, mãe e filhos — que por muito tempo foi visto como a norma, hoje é apenas uma entre muitas possibilidades de viver em família. Essas mudanças acompanham os valores e necessidades de cada época, aceleradas nos últimos anos por fatores como inclusão social, novas tecnologias e transformações nos papéis de gênero.

> "Lares são moldados por afetos, não por fórmulas."

No Brasil, por exemplo, apenas 42% dos lares mantêm a configuração tradicional de pai, mãe e filhos, um número que reflete um declínio significativo em relação às décadas anteriores. Esse padrão clássico, que já foi predominante, agora convive com uma multiplicidade de outras formas de organização familiar. Ao mesmo tempo, observa-se um crescimento exponencial de domicílios unipessoais, especialmente entre idosos, que optam por viver sozinhos devido à maior expectativa de vida e independência financeira. A reconfiguração conjugal também é evidente: em 2022, foram registrados 420 mil divórcios, um aumento de 9% em relação ao ano anterior, enquanto o número de casamentos diminuiu. Esses dados indicam que as pessoas estão repensando seus compromissos conjugais e buscando novas formas de organização familiar, seja por escolha pessoal, por necessidade ou como resposta às mudanças sociais e econômicas.

Essa diversidade familiar atual inclui uma ampla gama de arranjos que vão além do modelo nuclear tradicional. Famílias multigeracionais, em que três ou quatro gerações convivem sob o mesmo teto, estão se tornando mais comuns. Arranjos unipessoais, por outro lado, representam uma decisão consciente por moradia individual, impulsionada por fatores como autonomia e liberdade. Além disso, modelos não convencionais de família estão ganhando espaço, como casais sem filhos, famílias LGBTQIAPN+, estruturas multiparentais (onde mais de dois adultos compartilham responsabilidades parentais) e lares multiespécies, nos quais animais de estimação são considerados membros integrais do núcleo familiar. Em todos esses arranjos, o que os une não é a estrutura, mas o vínculo. O que define uma família não é sua composição, mas a qualidade das relações que nela se constroem. Estima-se que existam 37 milhões de lares multiespécies no Brasil, impulsionando demandas específicas no mercado imobiliário e de serviços.

FAMÍLIAS EM NÚMEROS	
Dados	**Número/Proporção**
Lares com pai, mãe e filhos	42%
Domicílios unipessoais	+ 18% na última década
Lares multiespécies	37 milhões
Casamentos	- 4% em relação a 2021
Divórcios	+ 9% em relação a 2021

Fonte: IBGE e registros públicos

> Independentemente da composição, essas famílias compartilham o mesmo compromisso: cultivar relações verdadeiras.

Essa diversidade causa impactos significativos na economia, no mercado de trabalho, nos padrões de consumo e nas políticas públicas. O mercado imobiliário, por exemplo, precisa desenvolver projetos flexíveis que atendam tanto famílias multigeracionais quanto domicílios unipessoais. Espaços integrados para pets também estão se tornando uma prioridade, com um aumento de 40% na demanda por seguros de saúde que cubram animais de estimação. No varejo e no consumo, as mudanças são igualmente significativas. Famílias unipessoais consomem 23% mais produtos de conveniência e porções individuais, enquanto lares LGBTQIAPN+ apresentam padrões distintos em categorias como viagens, entretenimento e produtos personalizados. Em famílias reconstituídas, 45% das decisões de compra envolvem múltiplos decisores, o que exige estratégias de marketing mais inclusivas e adaptáveis. Esses exemplos ilustram como as novas configurações familiares estão redefinindo as demandas do mercado e exigindo que empresas e governos repensem suas abordagens para atender às necessidades de uma sociedade em constante mudança.

No setor de serviços, observa-se um boom de 62% em plataformas educacionais que integram jogos e aprendizagem intergeracional, refletindo a necessidade de conectar diferentes gerações dentro de um mesmo lar. Além disso, a hierarquia decisória está mudando: em 58% das famílias não tradicionais, crianças e adolescentes influenciam diretamente compras de tecnologia e entretenimento. Valores geracionais também desempenham um papel importante, com 74% das famílias chefiadas por millennials priorizando marcas com políticas de diversidade. Essa mudança na dinâmica familiar está modificando a forma como as empresas se comunicam com seus clientes. Campanhas publicitárias que antes focavam exclusivamente em famílias nucleares agora precisam ser mais inclusivas, reconhecendo a pluralidade de arranjos familiares e os valores que cada tipo de família representa.

O novo consumo familiar

- 23% mais produtos de porções individuais (lares unipessoais).
- 40% de aumento na demanda por seguros pet.
- 45% das compras em lares reconstituídos são feitas em conjunto.
- 74% dos millennials priorizam marcas diversas.

O conceito de pertencimento se redefine à medida que as famílias adotam novas métricas de afeto e cuidado. A empatia emerge como um pilar fundamental, reconhecendo a legitimidade de todas as formas familiares. Relações baseadas em cuidado mútuo substituem modelos hierárquicos tradicionais, promovendo maior resiliência social.

A capacidade de manter a coesão comunitária apesar das mudanças estruturais é essencial para enfrentar desafios como o aumento da solidão, que se tornou um fenômeno epidêmico no século XXI. Redes de apoio comunitárias além do núcleo familiar são cruciais para combater esse isolamento. A solidão, aliás, como já debatemos aqui, é um dos maiores desafios enfrentados pelas sociedades modernas, especialmente em países como o Brasil, onde o envelhecimento populacional e o crescimento de domicílios unipessoais têm aumentado a vulnerabilidade de certos grupos. Para enfrentar esse problema, é necessário criar políticas públicas e iniciativas privadas que promovam conexões humanas genuínas e fortaleçam os laços comunitários.

Apoiar famílias traz benefícios econômicos tangíveis. Programas de licença-parental aumentam em 18% a retenção de talentos femininos no mercado de trabalho, enquanto creches públicas geram um retorno econômico de R$ 7,50 para cada R$ 1,00 investido, via aumento da produtividade. Empresas que adotam políticas de diversidade familiar relatam um aumento de 63% na inovação de produtos, enquanto campanhas multissensoriais para famílias multigeracionais têm engajamento 2,3 vezes maior. Estudos mostram que famílias nucleares intactas tendem a gerar maior estabilidade econômica, mas a realidade demográfica brasileira demanda políticas e estratégias de mercado que reconheçam a pluralidade familiar como vetor de desenvolvimento. Governos e empresas precisam trabalhar juntos para criar soluções que atendam às necessidades de todos os tipos de família, desde aquelas compostas por um único indivíduo até aquelas que abrigam várias gerações sob o mesmo teto.

A diversidade familiar também está impactando o mercado de trabalho. Com mais mulheres ingressando no mercado e assumindo papéis de liderança, programas de licença-parental e creches corporativas tornam-se diferenciais competitivos para atrair e reter talentos. Além disso, a crescente presença de famílias monoparentais e reconstituídas exige flexibilidade no ambiente de trabalho, como horários alternativos e trabalho remoto, para permitir que os trabalhadores equilibrem suas responsabilidades familiares e profissionais. Essas mudanças estão forçando empresas a repensar suas políticas de recursos humanos e criar ambientes mais inclusivos e adaptáveis. Ao mesmo tempo, a diversidade familiar está influenciando as decisões de carreira de muitas pessoas, que buscam empregos que ofereçam uma combinação entre remuneração, qualidade de vida e oportunidades de conciliar trabalho e vida pessoal. Além disso, cresce o número de famílias que compartilham a parentalidade de forma mais equitativa — não apenas entre casais, mas também entre amigos, avós e comunidades de apoio.

ECONOMIA DA DIVERSIDADE FAMILIAR	
Indicador	**Impacto**
Licença-parental	+18% na retenção de mulheres
Creches públicas	R$ 7,50 de retorno para cada R$ 1 investido
Empresas com políticas de diversidade familiar	+63% em inovação
Campanhas multigeracionais	2,3x mais engajamento

A coabitação intergeracional tem implicações econômicas significativas. Por um lado, ela reduz custos de moradia e facilita o compartilhamento de recursos entre gerações. Por outro, cria demandas específicas no mercado imobiliário, como espaços multifuncionais que permitam privacidade e convivência simultâneas. Além disso, a convivência intergeracional pode fortalecer vínculos emocionais e promover trocas de conhecimentos e experiências, contribuindo para a resiliência social e econômica das famílias. Em um país como o Brasil, onde a desigualdade social ainda é uma questão crítica, a coabitação intergeracional pode ser uma estratégia eficaz para mitigar impactos econômicos negativos e garantir maior segurança financeira para todos os membros do lar. No entanto, é importante reconhecer que essa configuração nem sempre é uma escolha voluntária, sendo muitas vezes uma necessidade imposta por circunstâncias econômicas ou sociais.

Até 2025, espera-se que plataformas de IA para customização de produtos por tipo familiar tenham uma adoção prevista de 41%, enquanto o mercado de "smart homes" adaptáveis cresce 29% ao ano (Mordor Intelligence, 2024). Empresas que conseguirem capturar o potencial de R$ 340 bilhões em mercados não atendidos poderão se destacar em um cenário de crescente diversidade familiar. Governos, por sua vez, precisarão repensar sistemas previdenciários e tributários para acompanhar essas mudanças estruturais. Isso inclui revisar políticas de habitação, saúde e educação para garantir que sejam inclusivas e atendam às necessidades de todos os tipos de família. Além disso, será necessário investir em infraestrutura e serviços que promovam a coesão social e reduzam as desigualdades que ainda persistem em muitas comunidades.

Tendências para os lares do futuro

- 41% das famílias esperam personalização por IA em produtos e serviços
- Crescimento de 29% ao ano no setor de smart homes adaptáveis
- Mais de 60% dos jovens brasileiros dizem querer "criar sua própria ideia de família"

Fonte: Datafolha (2023)

A diversidade familiar está reconfigurando profundamente a economia e os padrões de consumo, exigindo adaptações estruturais em múltiplos setores. O futuro da família será definido menos por estruturas fixas e mais pela qualidade dos vínculos afetivos, demandando novas políticas públicas e estratégias empresariais inclusivas para acompanhar a transformação social em curso. À medida que a sociedade continua a evoluir, é essencial que todos os setores — desde o governo até o mercado privado — trabalhem juntos para criar um ambiente que valorize e apoie todas as formas de família. Isso significa não apenas reconhecer a diversidade familiar, mas também promover políticas e práticas que garantam que todos os tipos de família tenham acesso às oportunidades e recursos necessários para prosperar.

> Quando os vínculos são fortes, qualquer estrutura é suficiente.

As mudanças nas estruturas familiares são reflexos de uma sociedade em constante transformação, moldada por fatores econômicos, culturais e sociais. Adaptarmo-nos a essas mudanças é necessário para que possamos construir uma sociedade mais inclusiva, empática e resiliente. A diversidade familiar é uma força, não uma ameaça. Ela nos convida a desapegar dos modelos fixos para abraçar novas formas de amar e cuidar. Afinal, o que define uma família não é o nome na certidão, mas a presença no cotidiano, o suporte nas dificuldades e a celebração nos afetos. Enquanto houver afeto, haverá família. E enquanto houver família, haverá futuro.

Pausa para Pensar

> A demografia não é um dado do futuro. É uma força do presente.

O que vivemos agora, a transformação na estrutura etária, o amadurecimento populacional, a convivência entre cinco gerações, não é apenas uma realidade estatística, mas um chamado à ação. Cada gráfico demográfico revela mais do que curvas: revela comportamentos, prioridades e urgências.

As mudanças populacionais não são neutras. Elas impactam diretamente a maneira como vivemos, trabalhamos, cuidamos e nos relacionamos. Exigem de nós novas formas de pensar o tempo, os vínculos, a presença e o valor da contribuição humana em todas as idades.

Se o Brasil está deixando para trás o perfil de uma sociedade majoritariamente jovem, isso não significa perda, significa transição. Significa reconhecer a potência da maturidade, sem desvalorizar o frescor da juventude. É um convite à escuta mútua e à cocriação entre diferentes gerações.

A demografia não aponta apenas para o envelhecimento.

Ela revela a urgência de repensarmos o que significa crescer, cuidar, decidir e pertencer em uma sociedade que está mudando, não no futuro, mas agora.

Reflexões para aplicar no trabalho e na vida

1. Como estamos adaptando nossas práticas à realidade de uma sociedade com estruturas etárias em transformação?

2. O que significa incluir diferentes gerações de forma genuína, em decisões, produtos, narrativas e lideranças?

3. Estamos preparados para redesenhar o trabalho pensando em trajetórias mais longas e diversas, e não apenas em aposentadoria?

4. De que forma podemos tornar as relações entre gerações mais colaborativas e menos hierárquicas?

5. Que espaços de escuta temos criado para aprender com a experiência de quem chegou antes e com a visão de quem está chegando agora?

6. Como valorizar o tempo de vida de cada pessoa como um ativo, dentro e fora das empresas?

7. O que podemos aprender com modelos intergeracionais de moradia, cuidado e trabalho?

8. Estamos prontos para tratar o envelhecimento como uma conquista e não como um custo?

9. Nossas marcas e políticas refletem a diversidade etária dos públicos que queremos alcançar?

10. Como fazer da demografia uma lente para desenhar um futuro mais inclusivo e não apenas para interpretar o passado?

Não se trata de enxergar mudanças etárias como um problema. Trata-se de reconhecer que elas já estão moldando o presente, e que a forma como reagimos a isso define o que seremos como sociedade.

Mais do que planejar para o futuro, é hora de acolher o que já chegou. E de lembrar que toda transformação estrutural começa com escolhas diárias, nas palavras que usamos, nos espaços que abrimos, nas oportunidades que criamos.

Porque cada geração que chega, permanece ou parte deixa um traço. E cabe a nós conectar esses traços com empatia, criando um tecido social mais coeso, justo e humano.

O que define uma família não é sua composição, mas a qualidade das relações que nela se constroem.

DEMANDAS DO MUNDO MULTIGERACIONAL

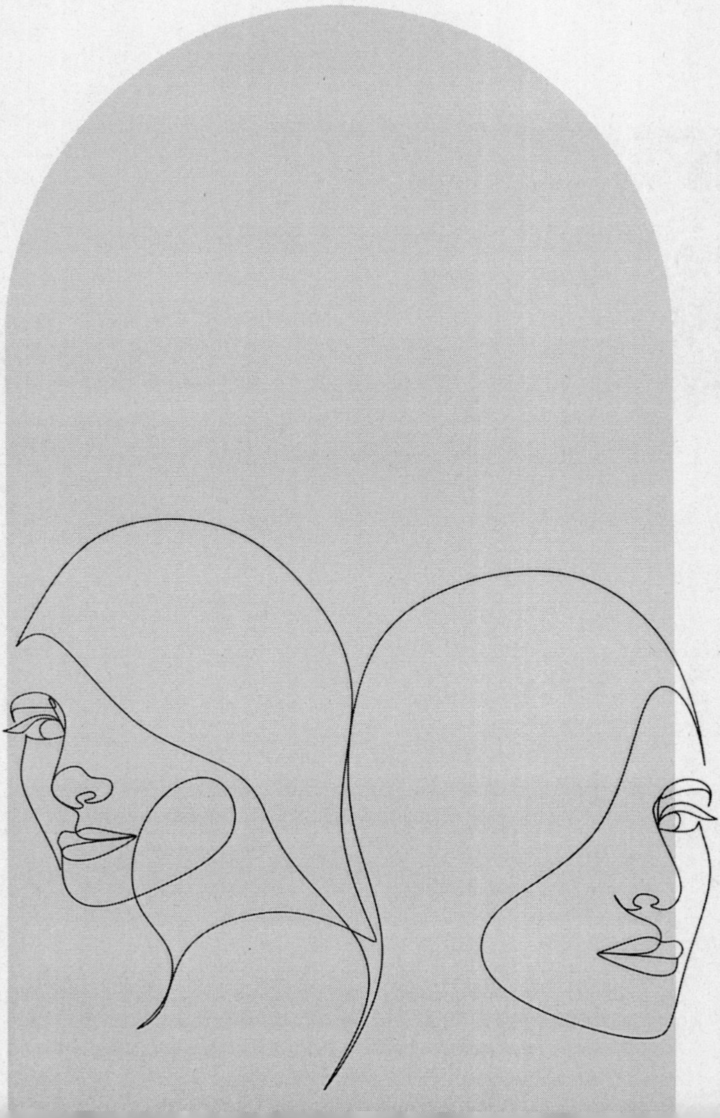

Capítulo 10

Geração Alpha e o futuro da humanidade

Eles não aprenderam a usar a tecnologia. Eles nasceram dentro dela.

A Geração Alpha, composta pelas crianças nascidas a partir de 2010, está se tornando a primeira geração 100% digital da história. Esses pequenos, em grande maioria filhos dos Millennials, não apenas crescem com a tecnologia à sua volta. Eles vivem em um mundo onde a internet, os smartphones, os assistentes virtuais e a realidade aumentada são tão naturais quanto qualquer outro aspecto do cotidiano. A digitalização, com a qual os mais velhos tiveram que se acostumar ao longo da vida, já é para eles algo completamente intuitivo, como se fizesse parte da própria essência de existir. Essas crianças nunca conhecerão um mundo sem Wi-Fi, sem telas interativas, sem aplicativos que oferecem informação e entretenimento ao alcance de um toque.

Linha do tempo marcos tecnológicos por geração:

Baby Boomers → Rádio, jornal, TV analógica

Geração X → TV a cabo, telefone fixo

Millennials → Internet discada, Orkut, celulares

Geração Z → YouTube, Facebook, WhatsApp

Geração Alpha → TikTok, Alexa, Realidade Aumentada

Isso é tão marcante que espera-se que a Geração Alpha seja composta por cerca de 2,5 bilhões de pessoas, já em

2025, sendo a primeira geração a nascer inteiramente no século XXI. No Brasil, já representam **17% da população**. O futuro da sociedade como um todo, portanto, está sendo reconfigurado. Além do impacto populacional, estima-se que, até 2030, essa geração movimentará cerca de 5 trilhões de dólares em consumo global, consolidando-se como uma das forças econômicas mais relevantes do século (McCrindle & Fell, 2023).

Quem são os Alphas?

- Nascidos a partir de 2010
- Filhos da Geração Millennial
- Primeira geração 100% digital
- Intuitivos no uso de tecnologia desde o berço
- Multiconectados e autodidatas digitais

Desde muito cedo, a Geração Alpha já interage com dispositivos móveis. É comum ver crianças de dois ou três anos manuseando tablets, jogando jogos educativos ou assistindo vídeos na internet. Eles não precisam de instruções para usar um smartphone, pois sua familiaridade com a tecnologia faz parte do processo de socialização e aprendizado. Uma pesquisa revelou que cerca de *44% das crianças brasileiras de 0 a 12 anos* já possuem um smartphone próprio, e muitas delas passam *mais de quatro horas por dia* conectadas. A Organização Mundial da Saúde (OMS, 2019) recomenda que crianças de 2 a 4 anos não ultrapassem uma hora por dia de exposição a telas. No entanto, a realidade já excede esse limite, o que pode trazer implicações importantes para o desenvolvimento emocional e cognitivo. Essa naturalidade com a tecnologia não apenas altera sua forma de aprender, mas também de compreender o mundo e construir relações.

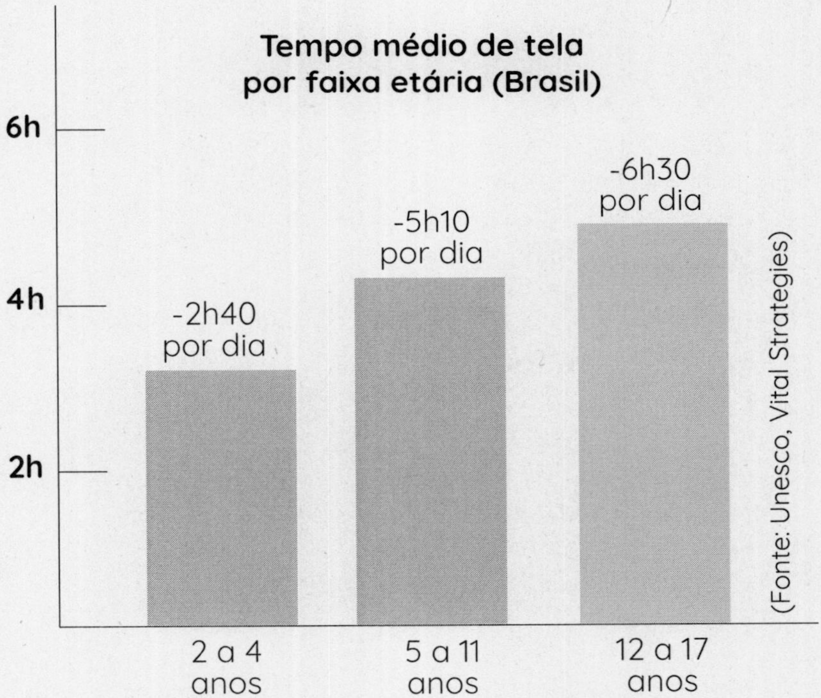

> Eles já nasceram digitais. Mas quem vai ensiná-los a serem humanos?

A Geração Alpha se caracteriza por uma busca intensa por independência e autonomia, impulsionada pela facilidade com que acessam qualquer tipo de informação na internet. A ideia de buscar algo sem obter uma resposta imediata, seja por meio de livros, pesquisas ou até mesmo de outros seres humanos, é praticamente desconhecida para eles.

Estão acostumados a fazer perguntas e receber respostas na hora, o que torna seu processo de aprendizado extremamente ágil e dinâmico. Não apenas navegam na internet com naturalidade, como também se adaptam rapidamente a novos aplicativos, jogos ou dispositivos, refletindo o ritmo acelerado da tecnologia.

Aprender em toques

Como a Geração Alpha assimila conhecimento:

- Aprendizado por vídeos curtos
- Plataformas gamificadas
- Assistentes por voz
- Aplicativos interativos
- Busca por feedback instantâneo

Porém, como toda mudança radical, esse acesso constante traz desafios significativos. A hiperconectividade é uma característica marcante dessa geração, mas também compromete a capacidade de concentração e foco. A quantidade de informações recebidas a cada segundo — por aplicativos, notificações, redes sociais e vídeos — pode ser avassaladora. A necessidade de gratificação instantânea, comum em jogos e redes sociais, prejudica o desenvolvimento da resiliência e da tolerância à frustração. A paciência, essencial para o aprendizado e a construção de competências, está cada vez mais escassa. E o excesso de tempo diante das telas pode afetar negativamente a saúde mental, favorecendo quadros de ansiedade, depressão e isolamento social. Segundo um relatório da UNESCO (2023), o tempo médio de tela entre crianças brasileiras de 5 a 11 anos já ultrapassa as cinco horas diárias — um número que ultrapassa os limites recomendados por especialistas em saúde infantil e reforça a urgência de atenção ao equilíbrio digital.

> "A hiperconectividade, sua maior força, também é seu ponto de atenção."

A interação digital predominante também pode impactar o desenvolvimento de habilidades sociais tradicionais. Em vez de praticar a comunicação olho no olho, observando expressões faciais e linguagem corporal, muitos jovens interagem majoritariamente por meio de dispositivos. Isso pode limitar sua capacidade de lidar com as emoções em tempo real e comprometer a leitura empática de contextos mais complexos. O resultado é uma geração cada vez mais fluente em interfaces digitais, mas com dificuldades nas interações humanas presenciais. O desafio não é apenas ensinar bons modos digitais, mas garantir que os laços emocionais reais não se dissolvam em cliques e curtidas.

A educação, mais do que nunca, precisa se reinventar. Métodos tradicionais, baseados em aulas expositivas e livros didáticos apenas, já não dialogam com os Alphas. Acostumados a uma aprendizagem dinâmica e multimodal, eles respondem melhor a vídeos, tutoriais, jogos e plataformas interativas. A gamificação, ou seja, o uso de jogos como estratégia de ensino, tornou-se uma ferramenta fundamental. Essa transformação educacional se torna ainda mais urgente quando consideramos que, segundo o Fórum Econômico Mundial (2025), 65% das crianças que estão hoje na escola vão trabalhar em profissões que ainda não existem (World Economic Forum, 2025). Para ensinar uma criança que opera um tablet antes mesmo de saber escrever, é preciso integrar tecnologia e intencionalidade pedagógica, oferecendo experiências informativas, envolventes e desafiadoras.

> “Ensinar um Alpha exige mais do que conteúdo. Exige contexto, interação e propósito.”

Além disso, a diversidade nas estruturas familiares impacta diretamente no desenvolvimento da Geração Alpha. Se antes o modelo “tradicional” — pai, mãe e filhos — era predominante, hoje convivemos com arranjos muito mais plurais. Famílias monoparentais, casais homoafetivos e lares multigeracionais, onde avós, pais e filhos dividem o mesmo espaço, tornam-se cada vez mais comuns.

Esses arranjos familiares influenciam a maneira como as crianças aprendem sobre afeto, respeito, colaboração e também sobre o uso da tecnologia. Em lares com diferentes gerações convivendo, o aprendizado acontece não apenas por meio da internet, mas também por meio da escuta, da troca e da sabedoria compartilhada no cotidiano. Isso cria uma **dinâmica intergeracional**, na qual o aprendizado não vem apenas da escola ou da internet, mas também da convivência diária e do compartilhamento entre as gerações.

■ O termo intergeracional refere-se às interações, trocas e aprendizados que ocorrem entre pessoas de diferentes gerações, dentro ou fora do ambiente familiar. Essas conexões promovem o compartilhamento de experiências, valores e saberes entre crianças, jovens, adultos e idosos, fortalecendo vínculos sociais e contribuindo para a construção coletiva do conhecimento e da empatia.

Fonte: Instituto de Pesquisa Econômica Aplicada - IPEA (2016).

> "Em tempos de tablets e telas, o afeto ainda é aprendido no colo. A convivência com múltiplas gerações é onde a tecnologia encontra a sabedoria."

Outro traço relevante é a consciência social e ambiental emergente entre os Alphas. Sustentabilidade, diversidade e inclusão são temas presentes desde cedo em suas vivências, seja na escola ou em casa. Eles crescem com a noção de que o planeta precisa ser cuidado, de que as diferenças devem ser respeitadas, e de que cada pessoa tem um papel ativo na construção de um mundo mais justo e igualitário.

O futuro da Geração Alpha depende da nossa capacidade de ajudá-la a equilibrar o digital e o humano, o online e o offline. Eles têm o potencial de criar um mundo mais interconectado e empático. Mas também enfrentam os riscos de um universo acelerado, fragmentado e ansioso. Como sociedade, precisamos guiá-los com clareza e afeto, ensinando-os a usar a tecnologia como ferramenta de aproximação e não de afastamento.

> Ensinar o equilíbrio entre online e offline é, talvez, o maior legado que podemos oferecer a essa geração.

O grande desafio é este: como preparamos essa geração para um futuro mais sustentável, mais humano e mais equilibrado? Como garantimos que, ao dominar códigos e comandos, não percam habilidades como empatia, paciência, resiliência e a capacidade de criar conexões reais com o mundo ao redor? E, talvez ainda mais importante, como aprendemos com eles, que já nasceram percebemdo o físico e o digital como uma só realidade? A Geração Alpha pode, sim, ser a chave para um futuro mais consciente. Mas para isso, precisamos ajudá-la a encontrar o equilíbrio entre o que é tecnológico e o que é profundamente humano.

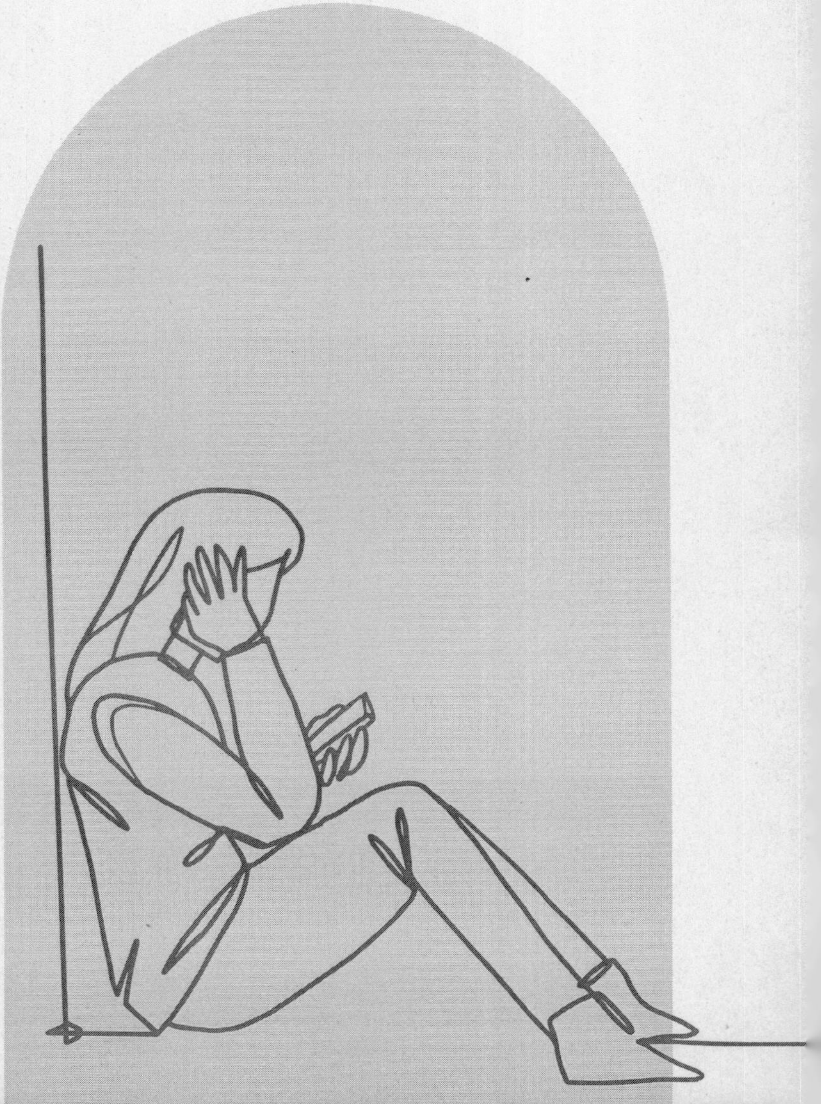

Capítulo 11

Geração Dopamina e o impacto das redes sociais

O clique virou calmante, o filtro virou identidade, o feed virou espelho.

Vivemos em um momento histórico sem precedentes, em que a busca incessante por prazer imediato dita profundamente o comportamento de grande parte da população jovem. Esse fenômeno ganhou força principalmente com o advento das redes sociais e o surgimento de uma geração que nasceu e cresceu totalmente imersa na tecnologia: a *Geração Dopamina*, popularmente conhecida como a Geração Z, indivíduos nascidos entre 1995 e 2010. Com base nos dados mais recentes disponíveis até 2024, essa geração representa aproximadamente 32% da população mundial, totalizando cerca de 2,47 bilhões de pessoas, segundo estimativas da ONU. No Brasil, esse grupo é composto por aproximadamente 47 milhões de pessoas, o que equivale a 22% da população nacional (NUBE, 2024).

> "Nunca foram tão conectados — e tão vulneráveis ao mesmo tempo."

A Geração Z cresceu com a tecnologia na palma da mão e em meio a contextos sociais turbulentos. O estudo "Decifrando a Geração Z", aponta que ela vive em estado de "beta permanente", moldando suas identidades em tempo real, em resposta ao excesso de estímulo, instabilidade emocional e busca constante por pertencimento e autenticidade (Grupo Consumoteca, 2022).

Esses jovens, conhecidos como nativos digitais, têm suas vidas inteiramente conectadas a dispositivos eletrônicos e plataformas online, criando uma realidade na qual os estímulos instantâneos e a gratificação rápida se tornaram pilares fundamentais de sua rotina diária. A cada toque na tela do celular, a cada clique no mouse, novas recompensas são desbloqueadas. Curtidas, comentários, visualizações e vídeos curtos proporcionam doses quase automáticas de dopamina, o neurotransmissor responsável pelo sentimento de prazer e recompensa no cérebro humano. Além da familiaridade tecnológica, o que diferencia essa geração é a pluralidade de identidades e valores. Como aponta o relatório Ipsos Flair 2025, a Geração Z é profundamente marcada pela fragmentação de perfis e pelo consumo de conteúdo hipersegmentado. Essa segmentação é impulsionada por algoritmos que moldam bolhas digitais, dificultando o diálogo e criando uma geração altamente nichada — mesmo entre indivíduos da mesma faixa etária.

> "A dopamina virou o novo oxigênio da experiência digital."

Essa dinâmica, aparentemente inofensiva à primeira vista, tem implicações profundas e duradouras no comportamento, aprendizado, capacidade de atenção e saúde mental desses jovens. O que antes era apenas uma ferramenta de comunicação ou entretenimento transformou-se em um motor central da vida cotidiana, definindo não apenas como as pessoas interagem, mas também como elas percebem o mundo ao seu redor. A busca constante por estímulos instantâneos está redefinindo a forma como o cérebro humano processa informações, prioriza atividades e lida com frustrações. Hoje, muitos jovens mal conseguem imaginar como era a vida antes dessa explosão digital, quando o tempo passava de maneira mais lenta e as conexões humanas eram construídas de forma mais gradual e orgânica. Não à toa, os próprios jovens se definem com base em sentimentos como ansiedade (56%), individualismo (46%) e consumismo (44%). Esses atributos não são apontados por observadores externos, mas pelos próprios Zs ao refletirem sobre o grupo a que pertencem (Grupo Consumoteca, 2022).

Como a Geração Z se define?	
Ansiedade	56%
Individualismo	46%
Consumismo	44%

Fonte: Grupo Consumoteca (2022)

É impressionante observar como essa nova realidade se manifesta nos pequenos gestos do dia a dia. Ao acordar, por exemplo, muitas pessoas não começam seu dia com um alongamento ou uma xícara de café, mas sim com o reflexo automático de pegar o celular e abrir as redes sociais. Um estudo realizado pela empresa de pesquisa Deloitte em 2022 revelou que 60% dos jovens entre 18 e 24 anos checam seus smartphones nos cinco primeiros minutos após acordarem. Esse hábito, hoje quase universal, reflete uma necessidade crescente de conexão imediata com o mundo ao redor. Em questão de segundos, é possível ver o que amigos estão fazendo, acompanhar as últimas tendências e consumir conteúdos produzidos por influenciadores e celebridades que compartilham detalhes de suas vidas 24 horas por dia. Essa sensação de estar constantemente "atualizado" cria uma ilusão de pertencimento e relevância, alimentando ainda mais o ciclo vicioso de consumo digital.

> "Despertar já não é mais abrir os olhos, mas abrir as redes."

O cérebro humano, por sua vez, adapta-se rapidamente a esse novo padrão de comportamento. Quando uma pessoa recebe uma curtida em uma publicação ou assiste a um vídeo curto e envolvente, o cérebro libera dopamina, gerando uma sensação de satisfação momentânea. Com o tempo, essa resposta neuroquímica condiciona o indivíduo a buscar mais e mais desses estímulos, criando uma espécie de dependência. Assim como acontece com outras formas de vício, o cérebro começa a exigir doses cada vez maiores de recompensa para sentir prazer, tornando difícil encontrar satisfação em atividades mais lentas ou que demandem esforço prolongado. Isso impacta diretamente a capacidade de concentração dos jovens, que enfrentam dificuldades crescentes para se engajar em tarefas que exijam foco contínuo ou raciocínio complexo. Um estudo publicado no *Journal of the American Medical Association* (JAMA) em 2021 mostrou que a capacidade média de atenção dos jovens caiu de 12 segundos em 2000 para apenas 8 segundos em 2020, menos do que a duração média da memória de um peixe-dourado (9 segundos). Essa queda na capacidade de foco está diretamente relacionada ao consumo repetitivo de conteúdos curtos e de rolagem infinita, como vídeos do TikTok, Reels e Shorts. De acordo com a Universidade de Stanford (2020), 60% dos estudantes universitários relataram dificuldade para manter a atenção em leituras longas, apontando o uso constante de redes sociais como principal causa.

> O foco virou uma raridade. E a dispersão, um novo estado natural.

Fontes de dopamina na rotina da Geração Z

- Redes sociais
- Estética corporal
- Consumo impulsivo
- Fast-food e alimentos ultraprocessados
- Autocuidado performático
- Conteúdos virais e curtos

Fonte: Geração CTRL Z - Consumoteca (2022)

O prazer rápido ganhou múltiplas expressões na rotina da Geração Dopamina. Segundo o estudo "Geração CTRL Z" (Consumoteca, 2022), as principais fontes de dopamina para esses jovens vão além das redes sociais. Estão presentes na estética corporal, na busca pelo corpo ideal, na prática performática de autocuidado, no consumo impulsivo (vivido como escape emocional), na alimentação ultraprocessada e até na obsessão por conteúdos curtos e virais. Tudo isso compõe um ambiente onde a recompensa precisa ser imediata — e constante.

Além das redes sociais, outras fontes de dopamina também contribuem para essa cultura de gratificação instantânea. Um exemplo é o consumo de alimentos altamente processados e ricos em açúcar, gorduras e sal. Muitos jovens recorrem a fast-foods, snacks industrializados e bebidas energéticas como forma de obter prazer rápido e acessível. Esses alimentos, embora deliciosos e convenientes, ativam os centros de recompensa do cérebro de maneira semelhante às drogas, criando um ciclo de compulsão alimentar. Estudos mostram que o consumo frequente de alimentos ultraprocessados está associado a problemas como obesidade, diabetes e até mesmo alterações no humor, pois o corpo desenvolve uma tolerância a esses estímulos gustativos intensos, exigindo quantidades cada vez maiores para sentir prazer. De acordo com a Organização Mundial da Saúde (OMS, 2021), o consumo global de alimentos ultraprocessados aumentou 30% nos últimos vinte anos, com jovens sendo os maiores consumidores desses produtos. O consumo, para essa geração, vai além da necessidade. Ele é uma forma de escape emocional, um ritual de alívio. Segundo pesquisa do Grupo Consumoteca (2022), o processo de compra é percebido como terapêutico — da pesquisa ao unboxing —, especialmente entre os jovens brasileiros, que lideram o consumo latino em categorias como moda, beleza, medicamentos e eletrônicos.

Outro exemplo preocupante é a automedicação, que se tornou uma prática comum entre os jovens, especialmente influenciada pela internet e pelas redes sociais. Muitos buscam soluções rápidas para problemas físicos e mentais, recorrendo a medicamentos sem prescrição médica ou seguindo orientações de influenciadores digitais que promovem dietas milagrosas, suplementos e tratamentos sem comprovação científica. Por exemplo, é comum ver jovens tomando ansiolíticos ou antidepressivos recomendados por colegas ou encontrados em vídeos populares, sem consultar um médico. Da mesma forma, o uso indiscriminado de suplementos como creatina, colágeno e até mesmo substâncias como o chá verde ou cápsulas de cafeína tem se tornado uma forma de buscar melhorias rápidas na aparência ou no desempenho físico. Um estudo realizado pela Associação Brasileira de Defesa do Consumidor (Proteste), em 2022, revelou que 77% da população brasileira admite se automedicar, sendo que 45% faz isso com base em informações obtidas nas redes sociais, sem consultar um profissional de saúde qualificado.

Mesmo com baixo poder de compra, a Geração Z é altamente estratégica. Praticam o "smart buying": caçam cupons, comparam preços e valorizam produtos com bom custo-benefício. Para eles, pagar barato não é vergonha — é habilidade. Apenas 25% se dizem fiéis a marcas, o que evidencia um comportamento de consumo altamente volátil e pragmático (Grupo Consumoteca, 2022).

> "Vivemos a era da validação em tempo real e da comparação em looping infinito."

A hiperexposição digital, combinada com essas outras fontes de dopamina, está causando danos significativos à autoestima e à saúde mental dos jovens. As redes sociais promovem uma cultura de perfeição idealizada, onde influenciadores e celebridades apresentam versões filtradas e editadas de suas vidas. Corpos esculturais, rotinas aparentemente perfeitas e conquistas constantes criam um padrão irreal de comparação. Para muitos jovens, isso gera sentimentos de inadequação, frustração e insatisfação com a própria vida. A pressão para atender a esses padrões irreais leva a um ciclo vicioso de validação digital, no qual curtidas, seguidores e comentários positivos se tornam medidas de valor pessoal. Não é à toa que os índices de ansiedade e depressão entre os jovens estão alarmantemente altos. Pesquisas indicam que uma em cada quatro pessoas entre 18 e 25 anos sofre de algum transtorno mental, muitas vezes exacerbado por essa cultura de aprovação virtual. Um levantamento feito pela Universidade de Harvard, em 2021, mostrou que o uso excessivo de redes sociais está diretamente ligado a um aumento de 50% nos casos de ansiedade e depressão entre adolescentes. No Brasil, uma pesquisa conduzida pela Vital Strategies (2023) revelou que 25% dos jovens entre 18 e 24 anos apresentam sinais de transtornos mentais como ansiedade e depressão, sendo a comparação social nas redes um dos principais fatores relatados. Outro aspecto apontado pelo estudo da Ipsos (2025) é a tensão entre o ideal e o real vivida por essa geração. A Geração Z valoriza a autenticidade, mas se vê presa ao dilema entre o "ser" e o "parecer", um fenômeno especialmente visível nas redes sociais. Jovens que divulgam conteúdos de consciência ambiental, por exemplo, nem sempre conseguem sustentar essas práticas fora do digital, seja por limitação financeira ou por conveniência de consumo.

A influência negativa das redes sociais não se limita apenas à saúde emocional. O consumo massivo de conteúdo em formatos curtos e acelerados — como os populares vídeos do TikTok — está alterando a maneira como o cérebro processa informações. Esses conteúdos, embora sejam eficazes em capturar a atenção de maneira rápida, raramente exigem reflexão profunda ou análise crítica. Como resultado, os jovens que consomem esses materiais repetidamente podem desenvolver dificuldades em engajar-se em discussões mais complexas ou em absorver conteúdos que exijam maior esforço intelectual. O pensamento crítico, habilidade fundamental para a tomada de decisões e a compreensão de questões globais, fica comprometido quando o cérebro é treinado para priorizar estímulos superficiais e imediatos. Um estudo conduzido pela Universidade de Stanford, em 2020, descobriu que 60% dos estudantes universitários relataram dificuldade em manter a concentração durante a leitura de textos longos, atribuindo isso ao consumo frequente de conteúdos fragmentados nas redes sociais.

Diante desse cenário desafiador, surge a pergunta inevitável: qual é a saída? Como podemos cultivar o equilíbrio e garantir que as redes sociais sejam utilizadas de maneira consciente e benéfica, em vez de prejudicial? A resposta começa com a educação digital. É fundamental ensinar as novas gerações a fazer escolhas mais conscientes ao consumir conteúdo online, incentivando-as a questionar as informações que recebem e a não se deixar levar pela pressão de padrões irreais. Além disso, é necessário *fortalecer a empatia*, uma qualidade humana essencial que está ameaçada pela superficialidade das interações digitais. Em um mundo onde tudo está a um clique de distância, a capacidade de se conectar genuinamente com o outro e de se colocar no lugar de quem está do outro lado da tela se torna mais importante do que nunca.

As marcas e os influenciadores também têm um papel crucial nesse processo. Em vez de promover soluções rápidas e superficiais, eles devem adotar posturas de responsabilidade, transparência e autenticidade. Isso não significa abandonar a tecnologia ou as redes sociais, mas sim aprender a utilizá-las de maneira equilibrada, priorizando conexões humanas reais e a saúde mental. A Geração Dopamina está redefinindo as regras do jogo, mas o que está, de verdade, em jogo vai muito além do processamento de informações no cérebro. Estamos falando da nossa saúde emocional, da nossa capacidade de empatia e da nossa conexão genuína com os outros. As redes sociais podem ser um espelho do que estamos vivendo, mas também têm o potencial de se tornar uma ferramenta poderosa para nos unir, desde que aprendamos a usá-las de forma responsável e consciente.

Portanto, é essencial que todos — pais, educadores, empresas e formuladores de políticas públicas — trabalhem juntos para criar um ambiente digital mais saudável e equilibrado. Isso inclui promover campanhas de conscientização sobre os impactos negativos do uso em excesso de redes sociais, incentivar práticas de desconexão digital e oferecer alternativas offline que estimulem o pensamento crítico, a criatividade e a interação social real. Também é importante educar os jovens sobre os riscos da automedicação e do consumo excessivo de alimentos ultraprocessados, ajudando-os a entender que essas práticas, embora possam proporcionar prazer momentâneo, têm consequências graves para a saúde física e mental a longo prazo.

> O digital não precisa ser um abismo. Pode ser uma ponte, se escolhermos usá-lo com consciência.

Onde as novas gerações mais desafiam o RH

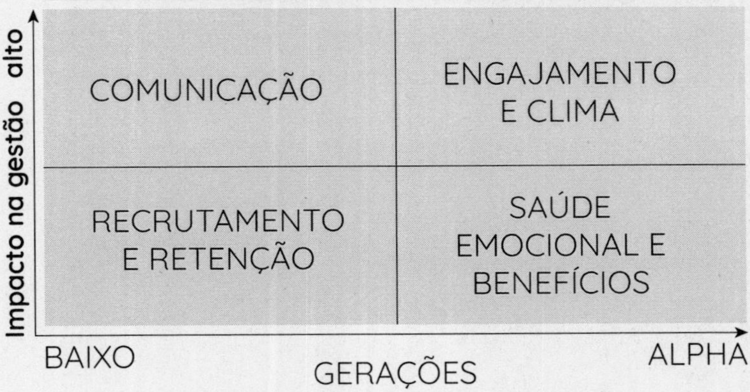

A tecnologia, por si só, não é boa ou má; ela é uma ferramenta cujo impacto depende de como a utilizamos. Se soubermos aproveitar seus benefícios enquanto mitigamos seus malefícios, poderemos construir um futuro em que a Geração Dopamina seja lembrada não apenas por sua sede de gratificação instantânea, mas também por sua capacidade de adaptar-se e evoluir em um mundo cada vez mais conectado.

Capítulo 12

Geração Sanduíche e os desafios do cuidado

Uma geração
que se divide
entre o amor e o
esgotamento.

A Geração Sanduíche reúne adultos entre 40 e 59 anos que vivem um duplo desafio: cuidar dos filhos que ainda demandam apoio e dos pais idosos que exigem atenção especial. Embora o conceito não seja novo, ele ganha novo significado em tempos de longevidade crescente e lares multigeracionais, especialmente no Brasil. Esses adultos se veem no centro de uma dinâmica complexa, equilibrando múltiplas responsabilidades que impactam profundamente sua vida pessoal, profissional e emocional.

> "Estar no meio pode parecer equilíbrio, mas para a Geração Sanduíche, é sinônimo de sobrecarga invisível."

No Brasil, estima-se que 51% da Geração Sanduíche seja composto por mulheres, conforme dados do Instituto Brasileiro de Geografia e Estatística (IBGE). Essa proporção reflete o papel culturalmente atribuído às mulheres como cuidadoras principais da família — uma expectativa ainda naturalizada e pouco questionada. Tradicionalmente vistas como provedoras emocionais e cuidadoras naturais, elas acabam assumindo a maior parte das responsabilidades relacionadas ao cuidado com filhos e pais idosos. Essa sobrecarga, no entanto, não se limita às questões domésticas; ela se estende para áreas como a saúde mental, a produtividade no trabalho e até mesmo a capacidade de planejar o futuro financeiro.

> Entre cuidar e se cuidar, as mulheres ainda são vistas como o porto seguro da família — mas a que custo?

Outro dado relevante é que cerca de 30% dos brasileiros adultos vivem em lares multigeracionais, de acordo com uma pesquisa realizada pelo Serviço Brasileiro de Apoio às Micro e Pequenas Empresas (Sebrae, 2024). Esses lares, onde convivem pais, filhos adultos e, muitas vezes, avós, são uma resposta prática à alta dos custos de vida nas grandes cidades e à falta de moradias acessíveis. Essa convivência, apesar de trazer benefícios como apoio mútuo e economia compartilhada, pode ser fonte de tensão. A proximidade constante entre diferentes gerações pode gerar conflitos de valores, expectativas e necessidades, além de intensificar a pressão sobre quem estiver no papel de mediador – geralmente, as mulheres da Geração Sanduíche.

Convivência Intergeracional no Brasil

- 30% dos adultos vivem em lares multigeracionais
- 51% da Geração Sanduíche é composta por mulheres
- Crescimento impulsionado pelo custo de vida nas cidades grandes

Fontes: Sebrae, IBGE.

> Em tempos de crise, o afeto vira refúgio. Mas também cobra seu preço.

Essa dinâmica não é exclusiva do Brasil. Em países considerados desenvolvidos, como os Estados Unidos, e nações europeias, a Geração Sanduíche enfrenta desafios semelhantes, embora as estruturas familiares possam variar. Nos EUA, por exemplo, estudos indicam que cerca de 27% dos adultos norte-americanos fornecem algum tipo de suporte financeiro ou cuidado direto tanto para seus pais quanto para seus filhos. Esse número demonstra que o fenômeno é global e reflete mudanças demográficas e sociais que afetam famílias em diferentes contextos culturais e econômicos. Seja em um país em desenvolvimento ou em uma nação rica, os membros da Geração Sanduíche precisam de soluções criativas que mitiguem os efeitos dessa sobrecarga. O fenômeno da sobrecarga geracional não tem fronteiras, tem apenas diferentes intensidades.

Tal sobrecarga é multifacetada, abrangendo dimensões emocionais, psicológicas e econômicas que, juntas, criam um fardo expressivo sobre aqueles no centro dessa dinâmica intergeracional. O impacto emocional é talvez o mais imediato e visível. Cuidar simultaneamente de dois grupos de dependentes – filhos adultos que ainda precisam de orientação e pais idosos que enfrentam fragilidades físicas e mentais – coloca essas pessoas em um estado de constante preocupação. A ânsia de garantir que todos estejam bem atendidos pode levar ao esgotamento emocional, conhecido como burnout.

Imagine uma mulher de cinquenta anos, que trabalha em tempo integral, cuida de um pai com Alzheimer e ainda apoia um filho adulto em busca de estabilidade financeira. Essa jornada, comum à Geração Sanduíche, muitas vezes leva ao esgotamento físico e emocional. É difícil sustentar quem precisa de apoio quando o próprio alicerce está rachado.

No nível psicológico, o impacto é proporcionalmente devastador. A pressão de equilibrar múltiplos papéis – cuidadora, provedora, mediadora e conselheira – pode comprometer seriamente a saúde mental. Um estudo realizado pela Universidade Federal de São Paulo (Unifesp, 2024) revelou que mais de 60% das mulheres que se identificam como parte da Geração Sanduíche relatam sintomas de estresse crônico e ansiedade generalizada. Essas mulheres tendem a negligenciar suas próprias necessidades em favor das outras pessoas. A ausência de tempo para autocuidado e descanso pode levar ao surgimento de transtornos mentais, como ansiedade e depressão, além de prejudicar a autoestima e o senso de realização pessoal. O peso psicológico também se manifesta na forma de conflitos internos, especialmente quando as expectativas das diferentes gerações entram em choque.

> “Quando todos dependem de você, onde sobra espaço para existir por si?”

Do ponto de vista econômico, a sobrecarga é igualmente opressiva. Manter um lar multigeracional exige recursos financeiros consideráveis, desde o pagamento de contas básicas até despesas médicas e educacionais. Para muitas famílias, isso significa sacrificar planos pessoais, como poupança para a aposentadoria ou investimentos em educação continuada. Além disso, o custo de cuidados especializados para idosos, como fisioterapia, medicamentos e assistência domiciliar, pode ser proibitivo. Segundo dados do Instituto de Pesquisa Econômica Aplicada (Ipea, 2019), famílias brasileiras gastam, em média, 30% de sua renda mensal com cuidados de saúde para idosos, um valor que pode representar uma fatia insustentável do orçamento familiar. Para aqueles que já enfrentam dificuldades financeiras, essa realidade leva a dívidas acumuladas e insegurança econômica. Cuidar custa tempo, dinheiro e saúde, uma conta que raramente fecha no azul.

Outro aspecto importante é a inserção no mercado de trabalho. Muitos membros da Geração Sanduíche precisam reduzir suas horas de trabalho ou até abandonar empregos para dedicar mais tempo ao cuidado de familiares, o que afeta sua renda imediata e compromete sua trajetória profissional a longo prazo. Mulheres acima dos cinquenta anos, em particular, somam a isso barreiras adicionais no mercado de trabalho, como discriminação por idade e falta de oportunidades de recolocação. Esse cenário cria um ciclo vicioso, onde a falta de flexibilidade no trabalho agrava a pressão econômica, que por sua vez aumenta o estresse emocional e psicológico.

Dentro do contexto da Geração Sanduíche, a presença de filhos adultos que permanecem morando na casa dos pais, conhecidos como "geração canguru", apresenta um conjunto único de desafios. Esses jovens adultos, muitas vezes já formados e com alguma independência financeira, optam por continuar residindo com seus pais por uma variedade de razões, incluindo a dificuldade de encontrar moradia acessível, a instabilidade econômica e o desejo de manter vínculos familiares próximos. Embora essa convivência possa oferecer vantagens, ela também carrega implicações significativas, tanto para os pais quanto para os filhos, que devem ser cuidadosamente consideradas.

Para os pais, a presença de filhos adultos em casa pode ser uma bênção em certos aspectos. Eles podem contar com o auxílio desses filhos em tarefas domésticas, como limpeza, compras e até mesmo no cuidado de outros familiares, como avós idosos. Além disso, a convivência próxima pode fortalecer os laços familiares e proporcionar uma sensação de continuidade e segurança. No entanto, essa dinâmica também pode provocar conflitos, especialmente quando as expectativas de ambos os lados não estão bem alinhadas. Por exemplo, os pais podem esperar que os filhos adultos contribuam financeiramente para as despesas da casa ou sigam determinadas regras de convivência, enquanto os filhos podem enxergar sua permanência como algo temporário e não se sentirem obrigados a cumprir essas expectativas. Essa discrepância causa atritos e frustrações, prejudicando a harmonia familiar.

Já para os jovens adultos, uma das principais angústias é a percepção de estagnação e falta de autonomia, que pode afetar negativamente sua autoestima e senso de realização pessoal. Muitos se sentem pressionados pela sociedade a alcançar marcos tradicionais de independência, como comprar uma casa própria ou constituir uma família, e a incapacidade de fazê-lo é causa para sentimentos de inadequação ou fracasso. Além disso, a convivência prolongada com os pais pode limitar sua autonomia e liberdade em questões como horários, estilo de vida e decisões pessoais, criando uma sensação de sufocamento e levando alguns a questionarem se sua permanência na casa dos pais está realmente contribuindo para seu crescimento pessoal e profissional.

> "A independência adiada pode ser mais um sintoma da crise do que falta de vontade."

É preciso mencionar também que, embora a divisão de despesas possa aliviar o orçamento familiar, a presença de filhos adultos em casa também pode aumentar os custos, ainda mais se eles ainda não forem totalmente independentes financeiramente. Os pais podem sentir-se pressionados a priorizar o bem-estar dos filhos em detrimento de suas próprias necessidades, como investimentos em sua qualidade de vida. Essa dinâmica pode criar um ciclo de dependência que é difícil de quebrar, agravado em tempos de incerteza econômica.

> "As famílias estão se reorganizando não por escolha, mas por necessidade. E isso está redesenhando o papel de quem cuida."

As estruturas familiares estão passando por transformações profundas, refletindo mudanças sociais, econômicas e culturais na maneira como as pessoas vivem e se relacionam, e um dos modelos emergentes mais notáveis tem sido o lar multigeracional. Esse arranjo, que era mais comum em décadas anteriores, voltou a ganhar destaque nos últimos anos. De acordo com dados do IBGE, cerca de 15% das famílias brasileiras atualmente adotam esse modelo de convivência, um aumento significativo em relação às décadas anteriores. Essa tendência reflete a necessidade de compartilhar recursos e evidencia a importância do suporte mútuo em tempos de incerteza.

Paralelamente ao aumento dos lares multigeracionais, observamos também a ascensão de novos modelos familiares que desafiam as convenções tradicionais. Famílias monoparentais, casais sem filhos e uniões homoafetivas estão se tornando mais visíveis e aceitas na sociedade contemporânea. Isso é reflexo de uma maior diversidade nas formas de organização familiar, mas também introduz novas dinâmicas no papel da Geração Sanduíche. Por exemplo, em famílias monoparentais, a ausência de um cônjuge pode intensificar a sobrecarga sobre o cuidador principal, que precisa equilibrar sozinho as responsabilidades com os filhos e, eventualmente, com os pais idosos. Da mesma forma, casais sem filhos podem enfrentar pressões sociais para justificar sua escolha, enquanto lidam com a expectativa de cuidar de pais idosos sem o apoio de uma rede familiar mais ampla.

Quanto ao aspecto financeiro, para famílias monoparentais ou casais sem filhos, a ausência de uma rede de suporte pode levar a uma maior vulnerabilidade econômica e emocional. Além disso, essas mudanças nas estruturas familiares exigem que as políticas públicas e as instituições sociais se adaptem para atender às necessidades dessas novas configurações. Por exemplo, programas de assistência social e saúde pública precisam considerar as especificidades de cada modelo familiar para oferecer suporte eficaz. O novo desenho das famílias exige novas formas de apoio e novas políticas que compreendam suas complexidades.

As mulheres da Geração Sanduíche enfrentam uma pressão desproporcional que transcende as responsabilidades típicas do cuidado familiar. Essa sobrecarga é exacerbada por uma combinação de fatores culturais, sociais e econômicos que colocam essas mulheres em uma posição desafiadora. Historicamente, as mulheres têm sido vistas como cuidadoras naturais, um papel que foi perpetuado por normas sociais e expectativas culturais profundamente enraizadas. Mesmo em um mundo que avança em direção à igualdade de gênero, essas expectativas persistem, muitas vezes de maneira implícita, reforçando a ideia de que cabe às mulheres gerenciar os cuidados com a família, enquanto também tentam equilibrar suas carreiras e vidas pessoais.

Esse fardo fica mais evidente na Geração Sanduíche, em que as mulheres frequentemente se veem no centro de uma dinâmica intergeracional complexa, responsáveis por cuidar tanto de filhos adultos quanto de pais idosos. Elas assumem o papel de mediadoras emocionais dentro da família, servindo como o ponto de apoio para os filhos que buscam orientação e para os pais idosos que enfrentam fragilidades físicas e mentais. Esse papel de "coluna emocional" pode ser esmagador, especialmente quando combinado com as responsabilidades diárias do trabalho e da gestão do lar.

> Quando tudo gira ao seu redor, não há como não se sentir à beira do colapso.

Um estudo conduzido pela Organização Mundial da Saúde (OMS) revelou que mulheres que cuidam de familiares idosos têm três vezes mais chances de desenvolver sintomas de esgotamento emocional em comparação com homens na mesma situação. Esse dado ilustra a magnitude do impacto emocional que recai sobre as mulheres, que muitas vezes negligenciam suas próprias necessidades para priorizar as dos outros. Além do impacto emocional, a pressão econômica também desempenha um papel significativo. Em muitas famílias, as mulheres da Geração Sanduíche são responsáveis por contribuir financeiramente para o sustento da casa, enquanto também arcam com os custos de cuidados especializados para os pais idosos. Essa dupla responsabilidade pode levar a uma situação de estresse financeiro crônico, especialmente em contextos em que as despesas médicas e de assistência domiciliar são elevadas. Dados do Ministério da Saúde do Brasil (2021) mostram que cerca de 70% das mulheres que cuidam de familiares idosos gastam mais de 40% de sua renda mensal com cuidados de saúde, um percentual que pode comprometer seriamente sua estabilidade econômica.

Essa pressão financeira é ainda mais agravada pela discriminação no mercado de trabalho, que frequentemente penaliza as mulheres por suas responsabilidades familiares. A discriminação pela idade, conhecida como etarismo, é outro fator que agrava a situação das mulheres da Geração Sanduíche. Acima dos cinquenta anos, elas enfrentam barreiras significativas para retornar ao mercado ou progredir em suas carreiras, sendo com frequência vistas como menos produtivas ou menos adaptáveis às novas tecnologias. Essa percepção equivocada resulta em oportunidades limitadas, salários mais baixos e menor acesso a cargos de liderança. Como consequência, muitas mulheres se veem forçadas a aceitar empregos abaixo de suas qualificações ou a abandonar o mercado de trabalho para dedicar mais tempo ao cuidado familiar. Essa situação não apenas compromete sua independência financeira, mas também limita suas perspectivas de crescimento profissional e pessoal.

A pressão sobre as mulheres da Geração Sanduíche é, portanto, um reflexo das desigualdades de gênero que persistem na sociedade contemporânea. Essas mulheres enfrentam um fardo desproporcional que afeta sua saúde emocional, sua estabilidade econômica e suas oportunidades no mercado de trabalho. Reconhecer e abordar essas desigualdades é essencial para criar um ambiente mais equitativo, onde as mulheres possam desempenhar seus papéis de cuidadoras sem sacrificar suas próprias necessidades e aspirações.

A pandemia de COVID-19 trouxe à tona uma série de desafios que amplificaram as pressões enfrentadas pela Geração Sanduíche. Durante o período de isolamento social, as dinâmicas familiares foram alteradas, expondo vulnerabilidades que antes podiam ser gerenciadas com maior facilidade. Para aqueles inseridos em um lar intergeracional, o impacto foi particularmente severo, afetando tanto as gerações mais jovens quanto as mais velhas de maneiras que redefiniriam as prioridades e as responsabilidades familiares. A pandemia exacerbou os desafios existentes e criou novos obstáculos que expuseram as lacunas no sistema de apoio social e econômico. Um dos impactos mais evidentes foi o aumento da dependência econômica e emocional dos filhos adultos. Com a crise econômica desencadeada, muitos jovens adultos perderam seus empregos ou viram seus rendimentos drasticamente reduzidos. O isolamento expôs o invisível: quem cuida, também precisa ser cuidado.

Segundo dados do Instituto Brasileiro de Economia (IBRE, 2024), cerca de 40% dos jovens brasileiros entre 18 e 30 anos enfrentaram desemprego ou redução salarial durante os primeiros meses da pandemia. Essa situação forçou muitos deles a retornar ou permanecer nas casas dos pais, aumentando a pressão sobre a Geração Sanduíche para sustentar financeiramente esses filhos enquanto ainda lidavam com os cuidados de pais idosos. Além disso, o isolamento social restringiu as oportunidades de independência, como morar sozinho ou buscar novas oportunidades profissionais, deixando muitos filhos adultos em uma situação de incerteza prolongada. Para os pais idosos, a pandemia representou um risco direto à saúde e ao bem-estar. A população idosa foi classificada como grupo de risco, levando muitos idosos a adotarem medidas extremas de isolamento para evitar a exposição ao vírus. Essa situação intensificou a solidão sentida por esses idosos, o que já era um problema significativo para muitos deles antes da pandemia.

Um estudo conduzido pela Universidade de São Paulo (USP) revelou que mais de 50% dos idosos brasileiros relataram sentir solidão extrema durante o período de isolamento, um aumento em relação aos anos anteriores. Para a Geração Sanduíche, isso significou mais responsabilidades de cuidado, tanto físico quanto emocional, já que muitos idosos precisavam de mais atenção e suporte para lidar com a deterioração de sua saúde mental. Outro aspecto crítico foi o impacto na saúde mental desses cuidadores. O aumento das demandas familiares, combinado com a incerteza econômica e a pressão no mercado de trabalho, levou muitos membros da Geração Sanduíche a experimentar níveis elevados de estresse e ansiedade. A falta de infraestrutura adequada para o trabalho remoto e a necessidade de equilibrar múltiplas demandas criaram uma circunstância de constante sobrecarga. Além disso, muitos cuidadores enfrentaram dificuldades para acessar serviços de saúde e assistência social durante a pandemia, já que hospitais e clínicas estavam sobrecarregados com casos de COVID-19. Essa falta de suporte institucional deixou muitos cuidadores sem as ferramentas necessárias para gerenciar as complexas demandas de suas famílias.

A pandemia também destacou a importância do papel da tecnologia na manutenção das conexões familiares. Com as restrições de mobilidade, muitas famílias recorreram a plataformas digitais para manter contato com parentes distantes. No entanto, essa solução nem sempre foi viável para os idosos, que muitas vezes enfrentam dificuldades com a tecnologia. Isso colocou ainda mais pressão sobre a Geração Sanduíche para mediar essas interações e garantir que os idosos mantivessem algum nível de conexão social. Ao mesmo tempo, os filhos adultos também dependiam de seus pais para suporte emocional e prático durante o isolamento, criando uma dinâmica de dependência mútua que aumentou o peso sobre os cuidadores.

Para aliviar esse peso imposto sobre a Geração Sanduíche, é urgente a implementação de políticas públicas inclusivas que reconheçam as diferentes realidades dessas pessoas e ofereçam suporte eficaz. Uma das primeiras medidas necessárias é o investimento no sistema de saúde pública, de forma que atenda melhor às necessidades da população idosa, criando programas de cuidado intergeracional que facilitem a assistência aos pais idosos. Além disso, as empresas precisam adotar práticas mais flexíveis e inclusivas, reconhecendo que os colaboradores que cuidam de familiares têm demandas únicas que devem ser consideradas. Modelos de trabalho híbridos, licenças remuneradas para cuidadores e programas de apoio à saúde mental são algumas das iniciativas que podem fazer uma diferença significativa.

> “Não basta reconhecer o problema. É preciso acolher quem sustenta o invisível com soluções concretas.”

A empatia também desempenha um papel crucial nesse processo. Para criar soluções efetivas, precisamos olhar para a Geração Sanduíche não apenas como um grupo sobrecarregado, mas como indivíduos que têm papel central na sociedade. Essas pessoas merecem ser reconhecidas pelo trabalho que realizam, tanto dentro de suas casas quanto no mercado de trabalho. Empresas que adotarem programas de apoio ao cuidado beneficiarão seus colaboradores e contribuirão para a construção de uma sociedade mais inclusiva e compreensiva destacando a importância de uma comunicação empática e acolhedora das marcas, que compreendam e valorizem as realidades complexas vividas por seus públicos.

É importante destacar que, sem políticas adequadas de apoio aos cuidadores, será impossível manter uma convivência funcional à medida que envelhecemos.

Criar opções de bem-estar para aqueles que cuidam dos mais velhos é fundamental para impedir que a Geração Sanduíche se torne invisível. Isso significa reconhecer a sobrecarga de responsabilidade e oferecer recursos práticos que ajudem essas pessoas a equilibrar suas múltiplas funções. Programas de educação financeira, acesso a serviços de assistência domiciliar e redes de apoio comunitário são algumas das iniciativas que podem aliviar o peso sobre os ombros desses cuidadores.

> “A empatia que não se transforma em política pública é apenas compaixão em silêncio.”

A resposta para os desafios enfrentados pela Geração Sanduíche não é simples, mas começa com empatia, ação e, principalmente, uma mudança nas políticas públicas que realmente acolham aqueles que estão sustentando as famílias e a sociedade. Reconhecer o valor dessas pessoas e oferecer suporte adequado é essencial para garantir que elas possam continuar desempenhando seu papel sem comprometer sua saúde física e mental. O cuidado precisa deixar de ser invisível. Quando reconhecemos quem cuida, fortalecemos toda a rede. Para a Geração Sanduíche, cuidar dos outros não pode significar desaparecer de si mesma. Cuidar também é um ato de presença consigo.

As estruturas familiares estão passando por transformações profundas, refletindo mudanças sociais, econômicas e culturais.

Capítulo 13

Geração Prateada e a redescoberta do propósito

O futuro não é mais como era antigamente.

O conceito de envelhecimento passa hoje por uma transformação profunda em nossa sociedade. Por muitas décadas, prevaleceu a ideia de que a terceira idade era um período de desaceleração, marcado pelo afastamento natural das atividades intensas e produtivas que definiram boa parte da vida adulta. Essa visão tradicional sustentava que, após os sessenta anos, os indivíduos já teriam cumprido seu papel social e deveriam se recolher a uma fase de descanso, guiada por memórias, contemplação e certa passividade diante da vida.

No entanto, esta visão antiquada está sendo substituída por uma nova compreensão do processo de envelhecimento. Hoje, observamos uma revolução silenciosa liderada pela chamada Geração Prateada, composta por pessoas com mais de sessenta anos que estão redefinindo completamente o significado desta fase da vida. Em vez de verem este período como um ponto final ou como um sinônimo de diminuição de suas capacidades, esses indivíduos estão abraçando o envelhecimento como uma oportunidade única de recomeço e redescoberta pessoal.

Esta mudança de paradigma é particularmente evidente no conceito de envelhecimento ativo, que evoluiu de uma teoria acadêmica para um movimento social concreto. As pessoas da Geração Prateada estão demonstrando que a maturidade pode ser uma fase extremamente produtiva e significativa, onde a busca por qualidade de vida engloba aspectos físicos, emocionais e mentais de maneira integrada. Elas estão mostrando que é possível manter-se ativo e engajado em múltiplos aspectos da vida, desde o mercado de trabalho até as esferas social e cultural.

Ao invés de se retirarem da vida pública e profissional, os membros da Geração Prateada estão cada vez mais ocupando posições de destaque em diversos setores. Eles estão criando novos projetos, assumindo novos desafios e explorando oportunidades que antes eram consideradas inapropriadas para sua faixa etária. Este fenômeno está remodelando as estruturas sociais e econômicas que tradicionalmente limitavam as possibilidades para pessoas mais velhas.

A força dessa transformação é demonstrada também pelas mulheres maduras desta nova configuração social. Mulheres que anteriormente poderiam ter sido invisibilizadas ou confinadas a papéis limitados estão agora emergindo como líderes, influenciadoras e agentes de mudança em diversos campos. Elas estão demonstrando que a maturidade não é um limite, mas sim uma plataforma para novas possibilidades de realização pessoal.

Este novo capítulo na história do envelhecimento humano representa muito mais do que uma simples mudança demográfica – ele marca o início de uma revolução cultural que está redefinindo o que é a "velhice". A Geração Prateada está provando que a terceira idade pode ser uma fase de renascimento, em que as pessoas, mais do que mantêm, ampliam sua contribuição para a sociedade, trazendo consigo toda a sabedoria e experiência acumuladas ao longo da vida.

“A experiência não pesa — ela alicerça.”

A riqueza dos perfis na Geração Prateada: um mosaico de possibilidades

Em meio à diversidade vibrante que caracteriza a Geração Prateada, encontramos uma riqueza extraordinária de perfis individuais, cada um com suas características únicas, aspirações distintas e desafios específicos. Esta pluralidade vai muito além da simples categorização por faixa etária, revelando uma complexidade fascinante que torna esta geração especialmente rica em potencial e oportunidades.

Para compreender verdadeiramente quem são os membros da Geração Prateada, é preciso ir além dos números e mergulhar nas motivações, interesses e necessidades que definem suas trajetórias individuais. Um estudo conduzido pela Data8 (2024) lançou luz sobre essa diversidade, identificando seis perfis distintos entre os brasileiros com cinquenta anos ou mais, cada um com características, preferências e estilos de vida que mostram a profundidade desse público. Esses perfis não são categorias abstratas, são retratos vivos de pessoas reais, com histórias que atravessam décadas e aspirações que moldam o presente. Vamos explorar cada um deles com detalhes, porque entender essas nuances é essencial para uma cultura gerontológica que valorize os maduros como eles merecem.

Os ***Sábios*** representam a quintessência da sabedoria acumulada ao longo dos anos. Esses indivíduos carregam consigo um tesouro inestimável de conhecimentos e experiências que transcendem gerações. Eles compreendem profundamente o valor do tempo e dedicam-se intencionalmente a compartilhar suas lições de vida com aqueles que os cercam. Alguns se tornam mentores formais em seus campos de expertise, enquanto outros preferem oferecer orientação informal através de conversas e conselhos oportunos. O exemplo da atriz norte-americana Jane Fonda, aos 87 anos, é uma inspiração poderosa: ela não apenas mantém uma carreira ativa, mas também se dedica à advocacia social e ao empoderamento feminino, demonstrando como a sabedoria madura pode se adaptar e permanecer relevante no mundo moderno.

Para atrair esse perfil, as marcas precisam oferecer conteúdos que respeitem sua sabedoria acumulada, como campanhas educativas que expliquem como funciona um novo aplicativo bancário sem soar condescendentes, workshops presenciais sobre saúde preventiva com médicos que falem de igual para igual, plataformas de ensino com cursos como "História do Cinema Brasileiro" ou "Introdução à Astronomia". Produtos que interessam a esse público incluem assinaturas de revistas científicas, livros de capa dura, tablets com aplicativos de leitura que ampliem as letras para olhos cansados.

Os ***Agregadores*** emergem como os pilares emocionais e sociais de suas famílias e comunidades. Estes indivíduos possuem uma habilidade extraordinária para unir pessoas e criar conexões. Eles são os arquitetos das reuniões familiares, os organizadores dos encontros especiais e os guardiões das tradições que mantêm as famílias coesas. Mais do que simplesmente reunir pessoas, os agregadores transmitem valores fundamentais e lições de vida que ecoam através das gerações. Sua presença proporciona estabilidade emocional e um senso de continuidade que é inestimável em tempos de mudança rápida e incerteza social.

Eles valorizam cada risada compartilhada, cada foto tirada em grupo, cada memória criada ao redor da mesa. Marcas que querem conquistá-los devem focar em produtos e serviços que promovam união — utensílios de cozinha como panelas grandes para cozinhar para muitos, jogos de tabuleiro que tragam todas as gerações para a sala de estar, pacotes de viagem promocionais que levem avós, pais e filhos para a serra ou a praia. Uma campanha voltada para os Agregadores pode mostrar uma família rindo em um piquenique, com o slogan "Juntos é sempre melhor", ou oferecer descontos em chácaras para encontros de fim de ano, tocando o coração de quem vê a família como o maior tesouro.

Os ***Cuidadores*** personificam o espírito altruísta da Geração Prateada. Seu compromisso com o bem-estar dos outros vai muito além do cuidado físico tradicional - eles são verdadeiros sustentáculos emocionais e sociais para suas famílias e comunidades. Muitas vezes encontramos este perfil entre as mulheres mais velhas, que continuam a desempenhar papéis de apoio vitalício. Seu cuidado compassivo abrange desde assistência direta até suporte emocional sutil, criando redes de apoio que garantem a qualidade de vida de todos ao seu redor. Essas pessoas veem o cuidado não como uma obrigação, mas como uma vocação nobre que traz significado e propósito à sua existência.

Os cuidadores procuram soluções práticas que facilitem suas rotinas exaustivas: medicamentos acessíveis para pressão ou diabetes, dispositivos de monitoramento como pulseiras que alertem sobre quedas, serviços de assistência domiciliar que lhes deem um descanso de suas tarefas. Para alcançá-los, as marcas devem priorizar funcionalidade e empatia, como em uma campanha que mostre uma avó sorrindo enquanto usa um oxímetro simples, que transmita uma mensagem como "Cuidar de quem você ama ficou mais fácil", ou farmácias oferecendo entrega gratuita de remédios para quem não pode sair de casa. Produtos como cadeiras ergonômicas para aliviar as costas ou aplicativos que organizem horários de medicação são ouro para os Cuidadores, que vivem para os outros antes de si mesmos.

Os ***Autossuficientes*** representam a independência resiliente que muitos membros da Geração Prateada cultivam com orgulho. Estes indivíduos priorizam sua autonomia acima de tudo, mantendo controle firme sobre suas vidas e decisões. Eles investem conscientemente em sua saúde física e mental, gerenciam suas finanças com prudência e buscam manter sua independência em todos os aspectos da vida. Para eles, a idade avançada não representa declínio, e sim uma oportunidade de exercer ainda mais liberdade e autodeterminação. Sua abordagem proativa em relação à vida demonstra que a independência na maturidade é tanto uma conquista quanto um estado de espírito.

Eles buscam produtos e serviços que reforcem essa liberdade — veículos adaptados com bancos confortáveis e volantes leves, tecnologias acessíveis como aplicativos bancários com comandos por voz, planos de saúde personalizados que cubram exames sem complicações. Marcas que querem alcançá-los devem destacar praticidade e confiabilidade. Por exemplo, um comercial de um carro com entrada fácil, mostrando um homem de 65 anos dirigindo com um sorriso, ou um plano de internet simples com o slogan "Você no comando, sempre". Esses produtos não são luxos para os Autossuficientes, são ferramentas que garantem que continuem sendo donos de suas vidas.

Os ***Exploradores*** encarnam o espírito de aventura e curiosidade insaciável que muitos membros da Geração Prateada mantêm vivo. Eles veem cada dia como uma oportunidade para aprender algo novo, experimentar diferentes perspectivas e expandir seus horizontes. Seja aprendendo novas línguas, praticando hobbies inusitados ou embarcando em viagens transformadoras, os exploradores demonstram que a sede de conhecimento e experiência não diminui com a idade. Figuras como Gilberto Gil, que continua a inovar musicalmente mesmo após os oitenta anos, exemplificam como a curiosidade intelectual pode florescer na maturidade.

Para atrair esse perfil, as marcas devem oferecer produtos e serviços que estimulem a aventura: pacotes turísticos internacionais com guias experientes, cursos de culinária italiana em São Paulo, equipamentos como mochilas leves ou câmeras simples. Uma campanha para os Exploradores pode mostrar uma mulher madura em uma trilha com o texto "A vida é uma aventura sem fim", ou oferecer descontos em ingressos para festivais culturais, tocando na alma de quem nunca para de buscar.

Finalmente, encontramos os ***Em Pausa***, aqueles que optam por uma parada estratégica em sua jornada — indivíduos que escolhem deliberadamente desacelerar para refletir e reorganizar suas vidas. Esta pausa não representa inatividade, tratando-se de uma oportunidade de realinhamento com valores fundamentais e objetivos de vida mais autênticos. Eles utilizam este tempo para cultivar uma vivência mais consciente, permitindo que tomem decisões mais alinhadas com suas verdadeiras aspirações. Este perfil demonstra que, às vezes, para avançar com clareza, é necessário primeiro parar e contemplar.

Eles buscam simplicidade e paz, preferindo atividades que acalmem a mente e o corpo. Produtos como chás naturais em embalagens bonitas, cadeiras confortáveis para leitura, programas de meditação guiada online são ideais para esse público. Uma campanha para os Em Pausa pode mostrar um homem de setenta anos lendo ao pôr do sol, com a mensagem "A paz que você merece", ou oferecer kits de jardinagem com o convite "Cuide do seu tempo". Esses produtos não são apenas objetos — são refúgios para quem escolheu desacelerar.

Cada perfil tem suas peculiaridades. Os Sábios querem aprender, os Agregadores querem unir, os Cuidadores querem ajudar, os Autossuficientes querem administrar, os Exploradores querem descobrir, os Em Pausa querem repousar. Ignorar essas diferenças é um erro que muitas marcas cometem, tratando os 60+ como um grupo único e homogêneo, o que leva a campanhas genéricas que não tocam ninguém.

Uma cultura gerontológica nas empresas significa abraçar essa riqueza e criar estratégias específicas, como seminários para os Sábios, pacotes familiares para os Agregadores, serviços de apoio para os Cuidadores, tecnologias simples para os Autossuficientes, aventuras para os Exploradores, e espaços de sossego para os Em Pausa. Empresas que investem em pesquisas detalhadas e personalizam suas abordagens ganham vantagem competitiva, conectando-se com um público que não só consome, mas também influencia, transformando a economia prateada em um motor de crescimento sustentável.

Retratos da Geração Prateada
Sábios, Agregadores, Cuidadores, Autossuficientes, Exploradores e os Em Pausa: seis perfis que revelam a riqueza e a diversidade da maturidade. Cada um, à sua maneira, expressa valores como sabedoria, empatia, autonomia, curiosidade e introspecção — traços que compõem o mosaico sereno e potente dessa fase da vida.

Vimos que essa diversidade oferece valiosas lições para as gerações mais jovens sobre como envelhecer com dignidade e impacto positivo, e, juntos, esses perfis formam um mosaico rico e diversificado de possibilidades para a terceira idade. Eles estão provando que não existe uma única maneira "correta" de envelhecer, mas sim múltiplas formas de encontrar significado e propósito nesta fase da vida. Cada perfil contribui de maneira única para a transformação cultural que estamos testemunhando, ajudando a criar uma sociedade mais inclusiva e compreensiva sobre o processo de envelhecimento.

O impacto transformador das mulheres na Geração Prateada

Longe de serem relegadas a papéis secundários ou invisíveis, como ocorria em gerações anteriores, as mulheres maduras estão emergindo como protagonistas poderosas em múltiplos domínios da sociedade. Esta mudança radical está remodelando fundamentalmente nossas percepções sobre o papel das mulheres na terceira idade e demonstrando que a maturidade pode ser uma fase de expansão e crescimento sem precedentes.

> "Quando a maturidade encontra espaço, a voz feminina amadurecida transforma não só o discurso, transforma o mundo."

Figuras icônicas como a Fernanda Montenegro ilustram vividamente este fenômeno. Aos 95 anos, a atriz, continua a brilhar nos palcos e telas, evidenciando que talento e relevância artística não têm data de validade. Sua presença contínua no cenário cultural brasileiro serve como inspiração para gerações inteiras, provando que a idade pode ser um aliado poderoso na arte da interpretação e na profundidade das performances.

Essas mulheres não estão sozinhas em sua jornada de reinvenção. Em todo o mundo, observamos um movimento crescente de mulheres maduras que estão quebrando barreiras e desafiando expectativas. Elas estão assumindo posições de liderança em empresas, fundando startups inovadoras, escrevendo best-sellers, criando conteúdo digital influente e participando ativamente de movimentos sociais. Esta transformação está sendo impulsionada por vários fatores convergentes: maior acesso à educação ao longo de suas vidas, melhorias significativas na saúde e expectativa de vida, e uma mudança cultural que começa a valorizar a experiência acumulada.

Mulheres 60+ em ação

- Mais de 60% das mulheres com mais de 60 anos no Brasil são chefes de família.
- A maioria delas ainda contribui ativamente com a renda do lar.
- Mulheres maduras são as principais cuidadoras em contextos familiares multigeracionais.

Fonte: IBGE, Ipea e DataSenado

O impacto econômico deste fenômeno é igualmente impressionante. As mulheres da Geração Prateada estão se tornando consumidoras poderosas, empreendedoras inovadoras e influenciadoras de mercado. Elas estão criando produtos e serviços que atendem às necessidades específicas de sua geração, enquanto também servem como ponte entre diferentes faixas etárias. Esta dualidade lhes permite não apenas satisfazer demandas existentes, mas também moldar tendências e criar mercados.

Socialmente, estas mulheres estão redefinindo o que significa envelhecer com graça e propósito. Elas estão demonstrando que a maturidade pode ser uma fase de empoderamento, onde experiências passadas se combinam com novas oportunidades para criar algo verdadeiramente extraordinário. Suas histórias de sucesso inspiram suas contemporâneas e gerações mais jovens a repensarem suas próprias trajetórias de vida.

Além disso, a presença marcante dessas mulheres na mídia e na cultura popular está ajudando a desconstruir estereótipos negativos sobre o envelhecimento feminino. Elas estão provando que beleza, inteligência, criatividade e relevância social não diminuem com a idade – pelo contrário, podem se intensificar e se tornar ainda mais impactantes. Esta mudança de narrativa está criando um novo paradigma, onde a idade avançada é vista não como uma limitação, mas como uma fonte de força e sabedoria.

O legado que estas mulheres estão construindo vai muito além de suas realizações individuais. Elas estão pavimentando o caminho para futuras gerações de mulheres maduras, demonstrando que a terceira idade pode ser uma fase de plenitude e realização. Ao fazer isso, estão contribuindo para uma transformação cultural mais ampla que respeita a sabedoria adquirida ao longo dos anos e reconhece o potencial contínuo de crescimento e contribuição em todas as fases da vida.

Contribuições multifacetadas da Geração Prateada à sociedade moderna

No campo profissional, observamos um fenômeno notável de reinvenção e adaptação. Muitos membros desta geração estão sendo capazes de manter suas posições no mercado de trabalho e, para além, criando oportunidades de carreira. Eles estão aproveitando sua experiência acumulada para assumir papéis de consultoria especializada, mentoria e liderança estratégica. Empresas estão reconhecendo o valor inestimável do conhecimento institucional e da perspectiva madura que esses profissionais trazem, levando à criação de programas específicos para retenção e reaproveitamento de talentos maduros.

Na esfera artística e cultural, a Geração Prateada está deixando uma marca indelével. Artistas, escritores e criadores maduros estão produzindo obras que combinam sabedoria adquirida com inovação contínua. Eles estão explorando novas formas de expressão artística, muitas vezes mesclando técnicas tradicionais com tecnologias modernas. Este cruzamento entre experiência e inovação está resultando em produções culturais únicas que enriquecem o panorama artístico contemporâneo. Além disso, eles estão desempenhando papéis cruciais como transmissores de conhecimentos especializados para gerações mais jovens através de workshops, masterclasses e colaborações intergeracionais.

No âmbito familiar e comunitário, a contribuição da Geração Prateada é igualmente vital. Como cuidadores experientes, eles fornecem suporte emocional e prático que é fundamental para a estabilidade das famílias modernas. Muitos estão assumindo papéis ativos na criação dos netos, trazendo uma perspectiva equilibrada e madura para a educação das novas gerações. Nas comunidades, engajam-se em trabalhos voluntários, liderando iniciativas sociais e servindo como mediadores de conflitos, aplicando sua sabedoria prática para resolver problemas complexos.

A dimensão econômica da contribuição da Geração Prateada também merece destaque. Eles representam um segmento de consumidores maduros e sofisticados, capazes de identificar e criar novas demandas de mercado. Muitos estão fundando empresas que atendem especificamente às necessidades de sua geração, enquanto outros estão desenvolvendo produtos e serviços que promovem a inclusão digital e social de idosos. Este empreendedorismo maduro está gerando empregos, estimulando a economia e criando soluções inovadoras para desafios contemporâneos.

No campo da saúde e bem-estar, os membros da Geração Prateada estão se tornando modelos de envelhecimento saudável e ativo. Eles estão compartilhando suas estratégias de autocuidado, promovendo estilos de vida balanceados e incentivando outras pessoas a adotarem abordagens preventivas à saúde. Muitos estão se envolvendo em pesquisas e iniciativas que visam melhorar a qualidade de vida na terceira idade, contribuindo com insights valiosos baseados em suas experiências pessoais.

Talvez o aspecto mais transformador da contribuição da Geração Prateada seja sua capacidade de servir como ponte entre gerações. Eles estão facilitando o diálogo intergeracional, ajudando a preservar tradições culturais enquanto simultaneamente abraçam a modernidade. Esta posição intermediária lhes permite mediar conflitos geracionais, promover a compreensão mútua e criar espaços de convivência harmoniosa entre diferentes faixas etárias.

A presença ativa da Geração Prateada em múltiplos setores da sociedade está demonstrando que o envelhecimento pode ser uma fase de crescimento contínuo e contribuição significativa. Eles estão provando que a experiência acumulada não é apenas um patrimônio pessoal, mas um recurso valioso para toda a sociedade. Ao compartilhar seus conhecimentos, habilidades e perspectivas, eles estão enriquecendo nossa cultura coletiva e ajudando a construir uma sociedade mais inclusiva e resiliente.

Lições fundamentais da Geração Prateada para todas as idades

A jornada da Geração Prateada oferece lições universais que transcendem barreiras geracionais e culturais. A primeira e talvez mais importante dessas lições é a compreensão de que nunca é tarde para recomeçar. Os membros desta geração estão demonstrando que cada fase da vida apresenta oportunidades únicas para reinvenção pessoal e profissional. Eles estão provando que a idade cronológica não deve ser um limite para novas empreitadas – seja iniciar uma nova carreira, aprender uma habilidade diferente ou embarcar em aventuras inexploradas. Esta mentalidade de recomeço contínuo é particularmente relevante em nossa era de mudanças rápidas, onde a capacidade de adaptação e renovação é crucial para todos, independentemente da idade.

A segunda grande lição é a importância de buscar novos objetivos com determinação renovada. A Geração Prateada está mostrando que a definição de metas não precisa diminuir com o tempo — pelo contrário, pode se tornar mais focada. Eles estão ensinando que objetivos na maturidade muitas vezes carregam um propósito mais profundo, conectado à realização pessoal e ao impacto positivo na sociedade. Esta abordagem inspira pessoas de todas as idades a repensarem suas prioridades e a alinharem seus objetivos com valores mais autênticos e duradouros.

A terceira lição fundamental é a capacidade de continuar sendo protagonista de nossa própria história. Os membros da Geração Prateada estão demonstrando que manter o controle narrativo de nossa vida é essencial para o bem-estar. Eles estão rejeitando papéis passivos que a sociedade tradicionalmente reservava para pessoas mais velhas e, em vez disso, estão criando suas próprias trajetórias. Esta postura proativa está ensinando que cada pessoa tem o poder de moldar sua experiência de vida, em quaisquer circunstâncias.

Outra lição crucial é a importância de cultivar relacionamentos significativos e manter conexões sociais vibrantes. A Geração Prateada está demonstrando que a qualidade das interações humanas aumenta com a maturidade, tornando-se uma fonte inestimável de apoio emocional e crescimento. Eles estão mostrando que investir em relacionamentos autênticos e manter uma rede social ativa é primordial para uma vida plena em qualquer estágio.

Finalmente, a Geração Prateada está nos ensinando a valorizar a experiência acumulada como um ativo precioso. Eles estão demonstrando que cada desafio enfrentado, cada erro cometido e cada sucesso alcançado ao longo da vida contribui para uma sabedoria prática que pode ser aplicada de maneiras inovadoras. Esta compreensão está ajudando a mudar a percepção de que a experiência é algo obsoleto, provando que o conhecimento maduro pode ser combinado com novas ideias para criar soluções poderosas e relevantes.

Estas lições coletivas da Geração Prateada estão oferecendo um roteiro valioso para pessoas de todas as idades. Elas estão demonstrando que o verdadeiro amadurecimento não é medido pelo número de anos vividos, mas pela capacidade contínua de aprender, crescer e contribuir. Ao incorporar essas lições em nossas próprias vidas, podemos construir uma sociedade mais inclusiva, resiliente e significativa, onde cada fase seja vista como uma oportunidade para evoluir e prosperar.

Pausa para Pensar

> Vivemos um tempo em que as gerações convivem mais do que nunca, mas se compreendem menos do que deveriam.

Cada geração é marcada por seus contextos e urgências. E, quando não compreendidas em sua singularidade, essas marcas se tornam muros. Vemos pais desconectados dos filhos, filhos impacientes com os pais, líderes que não escutam os mais jovens e jovens que não enxergam valor na experiência dos mais velhos. Nesse cenário, a convivência entre gerações corre o risco de se tornar um campo de atrito, quando poderia ser um terreno fértil de troca e transformação.

A Geração Alpha cresce imersa em telas, em um universo onde o toque é digital e a resposta é instantânea. A Geração Dopamina vive em busca de estímulo constante, tentando encontrar sentido em meio ao excesso. A Geração Sanduíche carrega o peso de ser pilar, sustentando pais, filhos, carreira e identidade ao mesmo tempo. Já a Geração Prateada caminha contra o estereótipo da obsolescência, buscando ser reconhecida como potência ativa em um mundo que ainda insiste em apagá-la.

Entre essas gerações, não há certo ou errado. Há contextos distintos que pedem escuta. Há vivências diversas que precisam ser reconhecidas. E há pontes urgentes a serem construídas.

A empatia é o único caminho possível para que essas pontes não sejam frágeis. Ela nasce da escuta genuína, da curiosidade em aprender com o outro e da coragem de rever certezas. Quando nos abrimos para compreender o tempo do outro, sua dor, sua pressa ou sua lentidão, deixamos de julgar e passamos a dialogar. É isso que torna a intergeracionalidade uma potência: não é sobre convivência passiva, mas sobre convivência transformadora.

Reflexões para aplicar no trabalho e na vida:

1. Estamos realmente escutando o que as novas gerações querem ou só tentando moldá-las ao que conhecemos?

2. Como líderes, sabemos identificar quando a hiperconectividade está mascarando o esgotamento emocional da Geração Dopamina?

3. Quais políticas de cuidado e flexibilidade temos oferecido à Geração Sanduíche, que equilibra produtividade com responsabilidade familiar?

4. De que forma estamos aproveitando o repertório e a sabedoria da Geração Prateada em vez de colocá-los à margem das decisões?

5. Temos criado espaços seguros e potentes para que diferentes gerações colaborem, inovem e se inspirem mutuamente?

6. Sabemos valorizar o olhar curioso dos membros da Geração Alpha como um ativo para inovação mesmo que ainda não estejam formalmente no mercado?
7. As estratégias de diversidade geracional nas empresas são vividas na prática ou apenas relatadas em discursos institucionais?
8. Estamos, de fato, preparando nossas lideranças para lidar com equipes multigeracionais com empatia, escuta ativa e presença?
9. Que decisões temos tomado, no presente, que impactarão o bem-estar físico, mental e social das futuras gerações?
10. E se começássemos a tratar o diálogo entre gerações não como um desafio, mas como uma competência estratégica para o futuro do trabalho?

A convivência entre gerações não é apenas uma questão de idade. É uma questão de humanidade. E a humanidade se fortalece quando deixamos de competir por espaço e começamos a compartilhar caminhos.

Que saibamos criar ambientes, dentro e fora das empresas, em que o tempo de cada um seja respeitado, em que a escuta seja ativa e em que a empatia seja mais do que um valor: seja uma prática cotidiana.

Porque, no fim,
não é sobre quem
veio antes ou
depois. É sobre
quem está disposto
a caminhar junto.

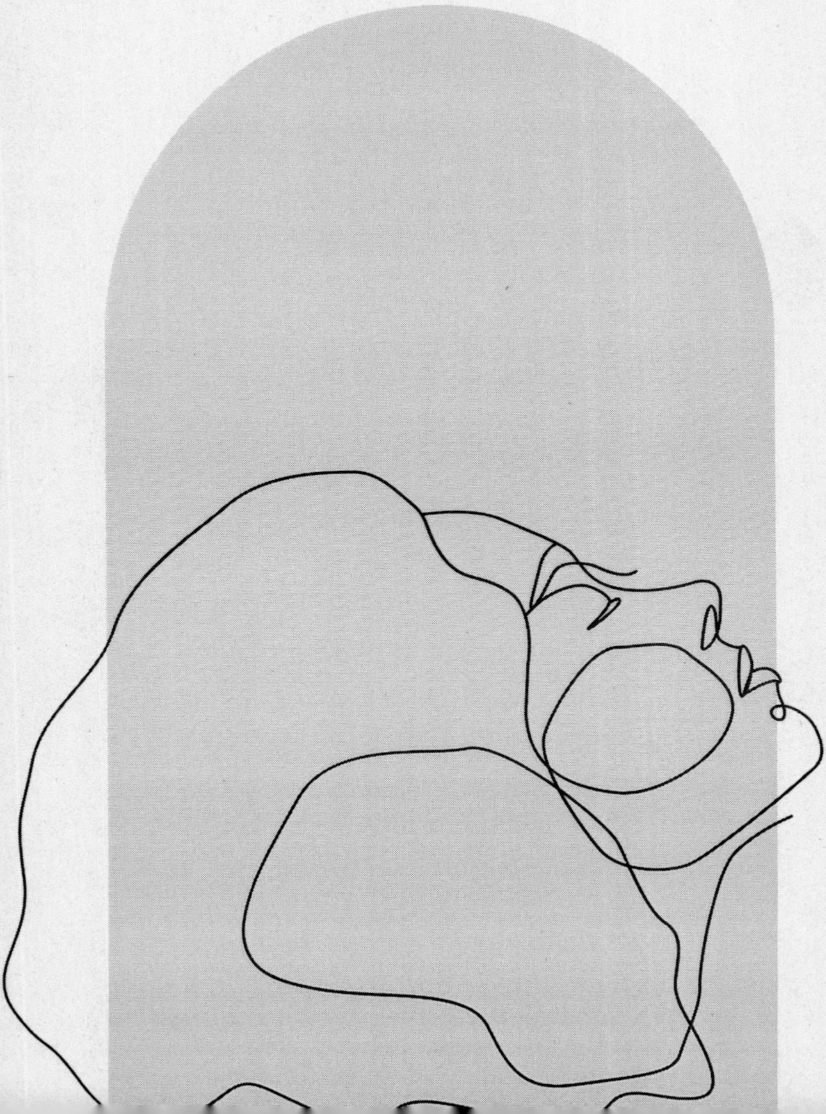

O INCÔMODO SILENCIOSO DAS GERAÇÕES

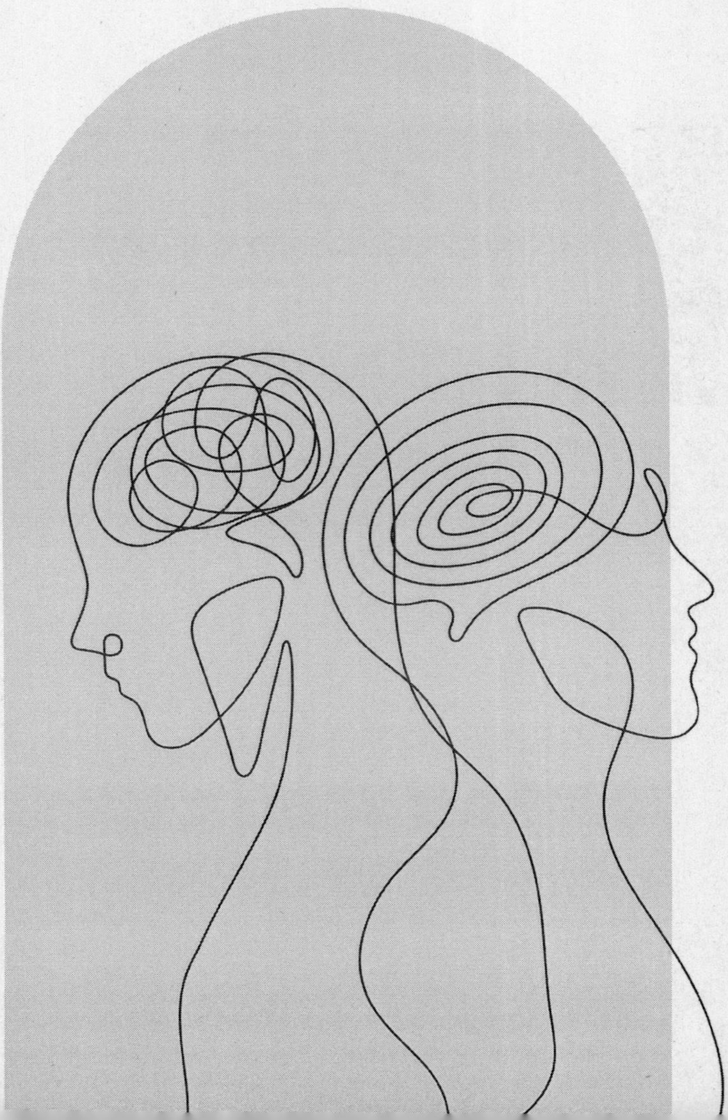

Capítulo 14

Sintomas do Nosso Tempo

Num mundo que acelera, adoecer virou forma de pedir socorro.

Vivemos em uma era marcada pela velocidade, pela conexão constante e pela expectativa de que devemos estar sempre disponíveis, atualizados e produtivos. Ansiedade e depressão deixaram de ser casos isolados para se tornarem expressões recorrentes do mal-estar coletivo. Não afetam apenas indivíduos: atravessam famílias, ambientes de trabalho e relações sociais.

A diversidade geracional nos ajuda a entender que não vivemos esse cenário da mesma forma. Cada geração é impactada por essas tensões de maneira distinta, com respostas emocionais moldadas pelo tempo em que cresceram e pelos contextos que habitam. O que une todas elas é a necessidade urgente de construir um novo pacto emocional — mais empático, mais consciente e mais humano.

> "Não adoecemos no vazio: adoecemos nas relações, nos silêncios e nas pressões que aprendemos a normalizar."

Para compreender essas experiências com profundidade e responsabilidade, é necessário utilizar abordagens que considerem o ser humano em sua complexidade. O modelo biopsicossocial, proposto por George Engel na década de 1970, amplia o olhar sobre o adoecimento ao integrar três dimensões interdependentes: a *biológica*, a *psicológica* e a *social*.

Essa abordagem se mostra especialmente útil quando falamos de sofrimento emocional, pois nos permite olhar para os sintomas não de forma isolada, mas dentro de contextos individuais e coletivos. Ao aplicar esse modelo ao universo geracional, conseguimos compreender por que diferentes grupos etários expressam suas dores de formas distintas e por que o cuidado precisa ser personalizado, sensível e relacional.

Não se trata de rotular comportamentos ou simplificar diagnósticos, mas de reconhecer que a saúde mental é construída a partir de múltiplas influências. Vivências, pressões sociais, vínculos afetivos, experiências de pertencimento ou exclusão — tudo isso impacta diretamente a forma como lidamos com o sofrimento. O modelo biopsicossocial nos lembra que, para cuidar, é preciso escutar. E para escutar, é preciso enxergar o outro além do sintoma.

Como já visto antes, cada geração carrega uma carga emocional específica, moldada não apenas pela fase da vida em que se encontra, mas também pelos contextos sociais, culturais e tecnológicos que a formaram. Compreender esses atravessamentos sob a ótica do modelo biopsicossocial nos ajuda a ir além da superficialidade dos rótulos etários. É sobre reconhecer o que atravessa emocionalmente cada grupo, com escuta, cuidado e estratégia.

Vamos rever, a seguir, as principais características de cada geração sob a ótica biopsicossocial, reconhecendo os desafios e necessidades que marcam cada uma delas.

Geração Alpha

Vimos que é aquela formada por crianças nascidas a partir de 2010, que crescem imersas em ambientes altamente digitalizados e acelerados. O tempo, para elas, é imediato. As respostas são rápidas. Os estímulos, constantes.

Essa realidade impacta diretamente a forma como elas desenvolvem sua relação com o mundo e com os outros. Sob a ótica biopsicossocial, nessa geração, observam-se tensões relacionadas à dificuldade de esperar, de lidar com frustrações e de sustentar interações afetivas mais profundas. Muitas vezes, essas crianças apresentam comportamentos ansiosos, irritabilidade ou respostas emocionais intensas diante de pequenas frustrações.

A presença ativa e emocionalmente disponível de adultos é essencial para ajudá-las a organizar o mundo interno. Isso inclui ensinar a nomear emoções, criar rotinas que promovam segurança, cultivar o silêncio, o vínculo e a escuta como formas de presença verdadeira. Mais do que controlar o acesso à tecnologia, é preciso fortalecer os laços que sustentam o desenvolvimento emocional em um mundo que não desacelera por conta própria.

Geração Dopamina

Composta por jovens nascidos entre meados da década de 1990 e 2010, que cresceram em um ambiente moldado por redes sociais, exposição permanente e estímulos instantâneos — e isso trouxe novas camadas de tensão psíquica.

As exigências por performance, engajamento e posicionamento público coexistem com inseguranças internas que, muitas vezes, não encontram espaço para serem expressas com segurança. A sobrecarga emocional pode se manifestar em forma de ansiedade, insônia, sensação de inadequação e uma busca contínua por validação externa.

No campo biopsicossocial, é fundamental compreender que a forma como essa geração lida com o sofrimento psíquico não deve ser interpretada como fragilidade, mas como resposta a um ambiente que naturalizou a aceleração, o excesso e a comparação. Essa geração precisa de espaço para conversar sem medo de julgamento, e de adultos emocionalmente disponíveis que não minimizem seu sofrimento com frases como "no meu tempo não era assim". Mais do que orientações, eles precisam de presença.

Geração Sanduíche

Vimos que é compreendida entre os 40 e 59 anos, e ocupa uma posição de suporte simultâneo: cuidando dos filhos, dos pais e, frequentemente, também de colegas de trabalho e da casa. Vive sob o peso de múltiplas responsabilidades, expectativas de alta produtividade e uma cultura que valoriza o fazer constante — mas que raramente reconhece a sobrecarga emocional.

As tensões dessa geração se traduzem em sintomas como

cansaço extremo, dificuldade de dormir, sensação de insuficiência, lapsos de memória, crises de ansiedade e sentimento de culpa por não "dar conta de tudo". O problema é que, muitas vezes, esse grupo normaliza o próprio sofrimento, por ter sido socializado na lógica do autocontrole e da negação da vulnerabilidade.

O modelo biopsicossocial nos convida a enxergar que o autocuidado para essa geração não é luxo, nem ato isolado — é uma necessidade coletiva e legítima. Romper com o ciclo da exaustão passa por ressignificar a ideia de força: reconhecer limites, pedir apoio, delegar tarefas e criar pequenas rotinas de bem-estar não diminuem ninguém. Ao contrário, sustentam.

Geração Prateada

Como explicamos no capítulo 13, essa geração inclui pessoas com 60 anos ou mais, em uma fase marcada por transições significativas: aposentadoria, saída dos filhos de casa, mudanças corporais, revisões existenciais. Ao mesmo tempo, muitos ainda são provedores, cuidadores e, em muitos casos, buscam se manter ativos no mercado de trabalho ou em novos projetos de vida.

As tensões emocionais dessa fase nem sempre são visíveis. A sensação de invisibilidade social, a solidão, o luto não elaborado e o etarismo — que os trata como ultrapassados ou incapazes — podem afetar profundamente a autoestima e a saúde emocional. Por outro lado, há uma potência silenciosa que muitas vezes não é mobilizada: a sabedoria acumulada, a escuta madura, o tempo com mais significado.

Do ponto de vista biopsicossocial, o bem-estar nessa geração está profundamente ligado ao senso de pertencimento, à preservação da autonomia e ao reconhecimento do seu valor social. Incluir a Geração Prateada em ambientes diversos, com escuta ativa e respeito, não é apenas um ato de justiça: é uma fonte de saúde emocional para todos.

> "O corpo sente o que a sociedade não tem coragem de nomear."

Ao olharmos para todas essas experiências, é possível perceber um padrão silencioso que atravessa as gerações: a sensação de estar sempre "a um passo de falhar". Seja por não conseguir dar conta de tudo, seja por não se sentir suficiente, seja por não saber onde ou com quem dividir o peso que se carrega. Há uma fragilidade compartilhada — embora manifesta de formas distintas.

Essa fragilidade se intensifica em um cenário em que as relações perderam profundidade. Conversas substituídas por mensagens rápidas. Presenças físicas sem presença emocional. Famílias que convivem sem se encontrar. Equipes que se organizam sem se escutar. A velocidade com que tudo acontece nos tirou o tempo — e o espaço — da escuta verdadeira.

E quando não nos escutamos, adoecemos. Quando não somos vistos, nos retraímos. Quando não encontramos lugar de acolhimento, nos distanciamos de nós mesmos. O sofrimento psíquico vai deixando marcas invisíveis: distúrbios do sono, crises de ansiedade, explosões emocionais, apatia, desconexão com o corpo, falhas de memória, desânimo constante. Tudo isso, muitas vezes, não é identificado como um sinal de alerta, mas normalizado como parte da vida adulta, da rotina atribulada, do "é assim mesmo".

Mas não é. Não deveria ser.

É nesse ponto que o modelo biopsicossocial retorna com força: nos convida a escutar os sintomas como sinais de contexto. A reconhecer que o cansaço pode ser mais do que físico; que a irritação pode estar escondendo um pedido de ajuda; que a tristeza pode estar apontando para uma vida sem espaço para afeto ou pertencimento.

Essa escuta precisa acontecer nos lugares que habitamos todos os dias: nas casas, nos espaços educativos, nas lideranças, nas relações de cuidado. Não se trata de psicologizar tudo, nem de assumir papéis clínicos. Trata-se de humanizar os vínculos. Criar espaços onde seja possível dizer "não estou bem" sem medo de julgamentos. Onde o erro não seja punido com indiferença. Onde a pausa não seja vista como fraqueza.

Talvez o que mais adoeça as pessoas não seja a carga que carregam, mas a solidão de carregá-la sem amparo. Em um mundo que exige que estejamos sempre disponíveis e produtivos, precisamos resgatar o direito de sermos inteiros: com falhas, com limites, com histórias.

A saúde emocional não se constrói apenas em consultórios ou programas de bem-estar. Ela nasce e se fortalece nas relações cotidianas, nas escutas reais, nas conversas que importam. E essa, talvez, seja a mais urgente reconexão entre as gerações: aprender a cuidar, juntos, do que sentimos.

Escutar o sofrimento do outro é o primeiro passo para humanizar o cuidado e transformar o sistema.

Capítulo 15

Burnout parental e a exaustão da nova geração de pais

Enquanto celebramos a parentalidade em discursos idealizados, pais e mães adoecem em silêncio, esgotados por cuidar sozinhos.

Se o capítulo anterior nos ajudou a entender como a saúde emocional é moldada pelas experiências geracionais, aqui damos um passo a mais: entramos na casa, na intimidade e no cotidiano de quem carrega nos ombros uma das tarefas mais exigentes e menos valorizadas da sociedade — o cuidado.

Pais e mães, especialmente os da chamada Geração Sanduíche, estão adoecendo em silêncio. Vivem uma realidade na qual as exigências são múltiplas: cuidar dos filhos, dos próprios pais, sustentar uma carreira, manter a vida social ativa, participar das decisões familiares, acompanhar o desempenho escolar, garantir a saúde mental dos filhos — tudo isso enquanto tentam não desaparecer de si mesmos. Esse excesso de demandas da vida familiar leva ao *burnout parental*, um estado de esgotamento físico e mental.

> Cuidar não é sinônimo de se apagar e maternidade não deveria rimar com invisibilidade.

Segundo *o Burnout parental report 2024*, resultado da pesquisa nacional da B2Mamy + Kiddle Pass, 9 em cada 10 mães no Brasil apresentam sintomas de esgotamento emocional relacionado ao cuidado dos filhos. Dessas, 77% relatam sentir burnout também no ambiente profissional, e 65% já receberam diagnóstico clínico de algum tipo de adoecimento emocional (CID).

A maternidade, embora romantizada, tornou-se o ponto de ruptura da carreira para muitas mulheres. Cerca de 64% das mães entrevistadas relataram impacto direto da maternidade em suas trajetórias profissionais, com perda de promoções, estagnação ou abandono do emprego. E esse impacto é ainda mais severo para mães negras, que apresentaram 21% a mais de esgotamento moderado a grave do que mães brancas.

Vivemos em uma cultura que cobra presença constante, mas oferece apoio mínimo. Espera-se que os pais estejam disponíveis emocionalmente, produtivos profissionalmente, presentes fisicamente e, de preferência, bem-dispostos e bem-humorados. Essa idealização — muitas vezes alimentada pelas redes sociais — cria um cenário cruel: ao comparar sua vida real com a vitrine do "perfeito", os pais se sentem em constante déficit.

Esse modelo de parentalidade impossível colapsa quando não há rede de apoio. Trinta por cento das mães no Brasil não possuem nenhum suporte fora do horário escolar. Enquanto isso, 2 milhões de crianças aguardam vagas em creches públicas, segundo dados do IBGE. É uma equação que não fecha e, muitas vezes, quem paga o preço é a saúde mental das famílias.

> "A exaustão parental não é pessoal: é estrutural, política e urgente."

Sob a ótica do modelo biopsicossocial, o burnout parental não é uma fragilidade individual. É o produto de pressões estruturais: desigualdade de gênero, ausência de políticas públicas eficazes, invisibilização do trabalho do cuidado, cultura do desempenho e normalização da exaustão como virtude. Cuidar virou sinônimo de abdicar, e isso não é sustentável.

Essa desconexão entre exigência e estrutura se revela também nos dados econômicos. Se o trabalho de cuidar fosse remunerado, ele representaria 11% do PIB brasileiro. Hoje, 65% de todo o cuidado não remunerado no país é feito por mulheres, que dedicam, em média, 21 horas semanais a essas tarefas — mais que o dobro dos homens.

Esse é o coração do conceito de Economia do Cuidado: um sistema baseado em um trabalho invisível, fundamental, mas raramente reconhecido. Quando mães deixam o mercado ou desaceleram suas carreiras, não é uma escolha individual — é o reflexo de um sistema que não soube acolher o que elas vivem. Quarenta e oito por cento das mulheres no Brasil saem do mercado de trabalho após o nascimento dos filhos, o que contribui para o aprofundamento das desigualdades de gênero e o enfraquecimento da base econômica do país.

> “A questão não é apenas de saúde mental. É de sustentabilidade social.”

Muitas mães encontram no empreendedorismo uma rota de sobrevivência, mas isso também tem um custo: altas taxas de autogestão emocional, ausência de direitos trabalhistas, insegurança financeira e exaustão crônica. O que parece liberdade, muitas vezes é abandono.

No campo corporativo, o cenário ainda é crítico. Segundo o *Burnout parental report 2024*, cerca de 63% das mulheres apontaram que a liderança das empresas é uma das principais causas de burnout, e 22% afirmaram que o esgotamento aumenta quando não podem falar sobre a família no trabalho. O silêncio institucional sobre o cuidado adoece. E custa caro: turnover elevado, perda de talentos, absenteísmo e queda de produtividade.

Mas há caminhos. O mesmo estudo aponta que programas de apoio à parentalidade, como licença estendida, trabalho híbrido, auxílio-creche e formação de lideranças empáticas, reduzem significativamente os sinais de burnout. Algumas empresas que adotaram essas medidas observaram retorno sobre o investimento (ROI) de até 425%, com aumento de produtividade e retenção.

> "Quando mães deixam o mercado, nem sempre é por escolha, mas por falta de alternativas."

O cuidado precisa ser visto como ativo estratégico, não

como obstáculo. Criar políticas que sustentem pais e mães no trabalho não é só empatia: é inteligência de negócio, visão de futuro e compromisso com a saúde social.

Enquanto isso, nas casas, o que salva é a rede. Redes de afeto, de escuta, de partilha, de revezamento. Onde há comunidade, há alívio. Onde há empatia, há espaço para respirar. E onde há vulnerabilidade compartilhada, há pertencimento.

A parentalidade não pode continuar sendo um exercício de resistência. Precisa ser uma construção coletiva, possível, segura e sustentável. Porque não se trata apenas de quem cuida, mas de quem estamos formando para o futuro.

Pausa para Pensar

> Cada geração carrega, em silêncio, suas próprias formas de sentir.

Seja a ansiedade que começa cedo demais, o cansaço que nunca cessa ou a solidão que atravessa fases da vida — o incômodo não tem uma idade única, mas se expressa de modos diferentes ao longo do tempo. Os capítulos anteriores nos mostraram como essas tensões emocionais se entrelaçam com o contexto histórico, tecnológico, social e familiar que molda cada geração.

Mais do que diagnosticar sintomas, este bloco nos convidou a compreender que por trás de cada comportamento há uma história — e por trás de cada história, uma necessidade legítima de cuidado, escuta e presença.

A aplicação do modelo biopsicossocial como lente nos ajuda a ir além da superfície e enxergar as dores emocionais como respostas humanas a contextos humanos. Nenhum sofrimento acontece no vazio. A maneira como sentimos, sofremos ou resistimos é sempre atravessada pelas relações que temos, pelos papéis que ocupamos e pelas cobranças que nos impõem.

O incômodo das gerações não é ruído. É sinal.

É o corpo, a mente e o coração tentando nos alertar de que algo precisa ser revisto — nas nossas relações, nos nossos modelos de produtividade, nas estruturas sociais que insistem em ignorar o que está por trás do aparente "funcionar".

Este é um convite para refletir, não apenas sobre o que sentimos, mas sobre como estamos (ou não) nos permitindo sentir e como podemos abrir espaço para uma cultura mais empática, mais relacional e mais consciente das emoções que atravessam todas as fases da vida.

Reflexões para aplicar no trabalho e na vida

1. Que sentimentos silenciosos atravessam a minha geração — e como tenho acolhido ou silenciado esses sinais?

2. Estou conseguindo identificar as pressões invisíveis que afetam a minha saúde emocional e a de quem me cerca, seja na minha rede de apoio pessoal ou profissional?

3. De que forma tenho procurado lidar com a minha vulnerabilidade — e como isso impacta minhas relações hoje?

4. Como os contextos em que vivo moldam a forma como lido com sofrimento, frustração e medo?

5. Em minha família, trabalho ou rede de apoio, há espaço para falar sobre a saúde emocional com abertura e escuta?

6. Quais tensões são herdadas entre gerações e quais podemos transformar com mais consciência e empatia?
7. Tenho reconhecido os sintomas que aparecem no corpo e na mente como pedidos legítimos de pausa ou cuidado?
8. De que maneira a escuta e o acolhimento podem se tornar práticas reais no meu cotidiano, não apenas intenções?
9. Como podemos construir ambientes — em casa, no trabalho ou nas relações — onde pedir ajuda não seja sinal de fraqueza?
10. Que atitudes posso adotar hoje para contribuir com uma cultura mais sensível às dores que atravessam as gerações?

Talvez, a maior urgência do nosso tempo não seja acelerar, mas aprender a sustentar o que sentimos com mais presença, mais coragem e menos julgamento.

Cada geração precisa de escuta, mas também de permissão para sentir sem culpa.

Se quisermos construir uma cultura emocionalmente mais saudável, precisamos começar agora: reconhecendo os sinais, nomeando os incômodos e criando espaços onde o cuidado não seja exceção, mas prática cotidiana. Permitir-se sentir é um ato de honestidade consigo mesmo e pode ser o início de um novo jeito de viver e conviver.

O cuidado precisa ser visto como ativo estratégico, não como obstáculo.

EMPATIA COMO FORÇA DE CONEXÃO

Capítulo 16

Empatia como habilidade fundamental

Empatia
não exige
respostas,
exige
presença.

Vivemos em tempos de urgência emocional e escuta superficial. Em um mundo hiperconectado, mas profundamente fragmentado, a empatia emerge não como uma virtude etérea, mas como uma competência essencial à sobrevivência relacional. Não é um talento inato ou um traço de personalidade reservado aos sensíveis, é uma prática possível, aprendida e necessária para a reconstrução de vínculos humanos genuínos.

Pesquisas contemporâneas revelam que a empatia é composta por múltiplas habilidades interdependentes: escuta ativa, regulação emocional, tomada de perspectiva e validação da experiência do outro. Por isso, a empatia é considerada uma competência socioemocional – e como toda competência, pode ser cultivada com intenção e prática.

> Empatia é a arte de estar com o outro sem tentar resolver o que ele sente. Apenas reconhecer. E sustentar.

O que é empatia, afinal?

Daniel Goleman define empatia como "a capacidade de reconhecer e compreender os sentimentos e perspectivas dos outros e usar esse entendimento para guiar o comportamento". Já Carl Rogers, psicólogo humanista, traz uma nuance essencial:

"Ser empático é perceber o mundo interior do outro como se fosse o seu, sem jamais perder essa condição de 'como se'."

Ou seja, empatia não é fusão, não é sobre se igualar. É sobre estar com o outro, respeitando sua experiência sem tomar para si sua história. Não é absorção, é presença. Não é sobre saber o que dizer, é sobre ter coragem de não fugir do que está sendo dito.

A diferença entre empatia e simpatia

Brené Brown explica com clareza: empatia é conexão. Simpatia é distanciamento disfarçado de consolo. A simpatia tenta "melhorar" o que o outro sente com frases como "poderia ser pior" ou "pelo menos...". A empatia sustenta o desconforto sem buscar atalho.

> "Raramente uma resposta empática começa com 'pelo menos'. Empatia é sentir com as pessoas. — Brené Brown"

Quando praticamos empatia, abrimos espaço para que o outro exista em sua inteireza. Não tentamos corrigir, amenizar ou interromper. Apenas sustentamos.

A empatia e o corpo: o que diz a neurociência

Estudos em neurobiologia apontam que a empatia ativa áreas específicas do cérebro, como o córtex pré-frontal medial, a ínsula e o giro do cíngulo anterior. Essas áreas estão diretamente ligadas à capacidade de reconhecer emoções em outras pessoas e de simular internamente o que elas estão sentindo.

Esse processo é mediado, em parte, por neurônios-espelho — estruturas que disparam tanto quando realizamos uma ação quanto quando vemos alguém realizando essa mesma ação. Eles sustentam nossa capacidade biológica de sentir com o outro. No entanto, o uso contínuo dessa capacidade depende de fatores sociais e ambientais: contextos acelerados, individualistas e competitivos tendem a atrofiar nossa sensibilidade empática.

> “Temos estrutura para empatizar, mas só desenvolvemos essa capacidade onde há espaço para sentir.”

Empatia é prática, não perfeição

Jamil Zaki, psicólogo de Stanford, afirma que a empatia é “mais músculo do que traço”. Como um músculo, ela se fortalece com o uso e se enfraquece com a negligência. Treinamos empatia toda vez que escolhemos escutar com atenção, validar sem julgar, desacelerar para sentir.

> “Empatia não é sobre ter todas as respostas. É sobre fazer boas perguntas e saber permanecer em silêncio.”

Ela se manifesta em gestos simples: perguntar com interesse genuíno como o outro está, escutar sem interromper, não minimizar a dor que não compreendemos. Pequenos atos, repetidos com consistência, têm um impacto transformador nas relações humanas.

A empatia também é generosa com quem pratica. Estudos mostram que pessoas mais empáticas tendem a desenvolver maior resiliência emocional, satisfação nas relações e senso de propósito. Não por acaso, empresas e comunidades que investem em ambientes empáticos são mais saudáveis, criativas e colaborativas.

Em um mundo que valoriza respostas rápidas, a empatia nos devolve o valor da presença lenta. E nos lembra que conexão verdadeira não se constrói com pressa, mas com disponibilidade emocional.

Empatia não é fusão, não é sobre se igualar. É sobre estar com o outro, respeitando sua experiência sem tomar para si sua história.

Capítulo 17

O caminho da escuta ativa

Escutar é permitir
que o outro exista
inteiro, sem pressa,
sem filtro, sem
interrupção.

Vivemos em tempos marcados pela sobrecarga de estímulos, agendas aceleradas e interações muitas vezes superficiais. Nesse cenário, a escuta, em sua forma mais genuína, tornou-se rara. Escutar, em sua essência, é mais do que captar sons ou compreender palavras. É acolher o outro com atenção plena, com intenção e com empatia.

A escuta ativa surge, então, como uma prática relacional que sustenta vínculos, fortalece conexões e ajuda a restaurar o sentido de presença mútua nas relações humanas. Ela é, antes de tudo, uma decisão: a escolha de estar por inteiro com alguém, mesmo quando o mundo nos exige pressa.

O que significa escutar ativamente?

A escuta ativa vai além do ato de ouvir. Ela exige envolvimento consciente, presença real e um olhar atento para o que é dito — e para tudo o que é comunicado sem palavras. Escutar é captar nuances, gestos, hesitações. É estar disponível não apenas com os ouvidos, mas também com os olhos e com o coração.

A Universidade de Oxford define escuta como "um envolvimento consciente e completo na recepção de uma mensagem, com o objetivo de entender e responder de forma significativa." Isso nos lembra que a escuta ativa é uma atitude, não um reflexo automático.

Ouvir é diferente de escutar.

Ouvir

- Não exige esforço consciente para compreender ou interpretar a mensagem recebida.
- Automático e inconsciente.
- Foco no que está sendo dito, sem considerar o contexto ou as emoções subjacentes.
- Pode ocorrer mesmo sem atenção total.
- Ocorre no Córtex auditivo primário (lobo temporal).

Escutar

- Um esforço intencional e consciente para compreender, interpretar e responder ao que é comunicado.
- Envolve atenção plena e conexão emocional com o que está sendo transmitido.
- Inclui o uso de habilidades como fazer perguntas, confirmar entendimento e responder de maneira significativa.
- Requer presença total e empatia.
- Foco no significado das palavras, nos gestos e nas emoções do emissor.
- Envolve redes neurais integradas para atenção, empatia, compreensão e interpretação (Cortex pré-frontal, Área de Wernicke, Sistema Límbico, Rede de Modo Padrão).

Diferenças fundamentais entre o ato de ouvir e de escutar

ASPECTO	OUVIR	ESCUTAR
Natureza	Fisiológico (captar sons)	Psicológico(compreensão e conexão)
Intenção	Passiva sem esforço consciente	Ativa, exige esforço e empatia
Foco	Palavras e sons	Emoções, intenções e significados
Interpretação	Limitada ou ausente	Profunda e contextualizada
Presença emocional	Não necessária	Essencial
Aspectos neurológicos	Principalmente sensorial, ativando o córtex auditivo primário e áreas relacionadas ao processamento básico de sons	Envolve redes neurais integradas: córtex pré-frontal (atenção), área de Wernicke (compreensão), sistema límbico (empatia) e córtex cingulado anterior (monitoramento e interpretação)
Esforço Cognitivo	Ausente ou mínimo	Requer esforço consciente e cognitivo para atribuir significado e interpretar a mensagem completa
Ação	Ato passivo	Ato ativo

> “Você já se sentiu verdadeiramente ouvido?”

Quando escutamos, acolhemos o que é dito e o que é sentido. Captamos a história por trás das palavras, os medos por trás das pausas, os desejos por trás dos olhares. Escutar é, portanto, um gesto de humanidade.

> O ouvinte cria o orador. – *Esther Perel*

A escuta como ponte para saúde emocional

O *Burnout parental report 2024* trouxe dados contundentes: 9 em cada 10 mães brasileiras relatam sintomas de esgotamento emocional. Muitas vivem sob uma sobrecarga silenciosa, sem tempo, rede de apoio ou espaço para expressar o que sentem. Não se trata de ausência de afeto, mas de ausência de escuta.

Segundo a Organização Mundial da Saúde (OMS), a depressão e a ansiedade custam à economia global cerca de US$ 1 trilhão por ano em perda de produtividade. Esse número reflete, em parte, a falta de uma escuta eficiente, em que o ato de escutar é forçado entre compromissos, esvaziado pela pressão do tempo e pela falta de preparo. A escuta negligenciada se transforma em ausência de cuidado – e essa ausência tem um custo humano e financeiro incalculável.

A escuta ativa permite reconhecer essas realidades antes de se tornarem crises. Ela transforma relações de cuidado, sustenta vínculos familiares, previne o agravamento de quadros mentais. Quando escutamos com presença, não resolvemos o problema do outro — mas oferecemos um espaço onde ele pode começar a se reorganizar emocionalmente.

Essa prática também se estende à vida profissional. Equipes, lideranças e ambientes colaborativos se fortalecem quando a escuta é valorizada. A simples mudança de postura de "responder" para "entender" já transforma a dinâmica de uma conversa — e de uma cultura.

> Quando você escuta com empatia, você cria um espaço onde a outra pessoa se sente segura para ser quem realmente é. – *Jay Shetty*

Três atitudes para cultivar a escuta ativa

A escuta ativa é uma habilidade treinável. A seguir, três movimentos simples para iniciar esse processo:

1. Pratique presença total

Elimine distrações. Olhe nos olhos de quem fala. Desligue o celular. Preste atenção no tom de voz, no ritmo da fala. Esteja ali, por inteiro.

Dica: manter contato visual pode ser desconfortável no início — e tudo bem. Isso também faz parte do treino.

2. Faça perguntas que aprofundem, não que interrompam

Não escute para responder, escute para compreender. Evite pensar no que vai dizer enquanto o outro ainda fala. Suspenda julgamentos. Apenas ouça.

Lembre-se: nem sempre o outro está em busca de uma resposta; muitas vezes, ele quer apenas ser escutado. Esteja livre para receber o que ele está dizendo. Parece simples, mas ao tentar, você verá que precisa de prática.

3. Perceba o não dito

O silêncio diz muito. Uma pausa pode carregar mais dor do que mil palavras. Fique atento ao corpo, ao olhar, ao gesto. A comunicação é sempre maior do que a frase pronunciada.

Busque expressar acolhimento no olhar, e não julgamento. É difícil admitir, mas muitas vezes julgamos sem perceber; nosso corpo fala, e nossos olhos revelam muito sobre o que pensamos e sentimos. Fique atento.

> "Escuta ativa não é sobre respostas. É sobre acolher aquilo que o outro ainda está descobrindo como dizer."

Escutar é uma escolha e um compromisso

Escutar nem sempre é fácil. Vivemos em um mundo ruidoso, com exigências constantes de atenção e resposta. Escutar verdadeiramente exige treino, intenção e coragem — coragem para desacelerar, para não dominar o diálogo, para sustentar o espaço do outro.

> "Superar esses desafios começa com a disposição de escutar para compreender, não para responder."

Os obstáculos são muitos. Entre os principais desafios da escuta ativa, destacam-se:

- **As distrações externas**, como notificações, sons e interrupções que fragmentam a atenção.
- **A ausência de presença total**, quando o corpo está, mas a mente viaja para outro lugar.
- **O julgamento prévio**, que invalida o que o outro diz antes mesmo de terminar de falar.
- **A pressão por tempo**, que nos faz ouvir com pressa, sem espaço para a pausa e a assimilação.

Reconhecer esses desafios é o primeiro passo para transformá-los. Escutar não é natural em um mundo que nos empurra para responder rápido. Por isso, escutar é um ato de resistência — e de cuidado.

> Quem aprende a escutar transforma o mundo ao seu redor sem precisar levantar a voz.

Escutar ativamente é abrir espaço para a existência do outro, é praticar cuidado, é ampliar a nossa própria humanidade. E como bem nos lembra Scott Cook:

> Empatizar não é simplesmente calçar o sapato dos outros. Primeiro temos que tirar os nossos próprios sapatos.

Essa talvez seja a essência da escuta ativa: descer do próprio lugar de certeza para realmente encontrar o outro onde ele está.

Impactos da Escuta Ativa

1. Construção de confiança e engajamento

- ✓ Valida perspectivas e experiências do outro
- ✓ Gera vínculo, respeito e compromisso mútuo
- ✓ Cria um ambiente de segurança psicológica

2. Prevenção de conflitos não construtivos

- ✓ Ajuda a abordar problemas de forma construtiva

✓ Identifica tensões antes que elas escalem
✓ Promove um ambiente colaborativo
✓ Permite que as partes não se sintam ameaçadas
✓ É mais sobre cooperação e menos sobre argumentação

3. Promoção de saúde mental

✓ Permite a identificação precoce de sinais de estresse
✓ Diminui a sensação de isolamento
✓ Reforça o sentimento de pertencimento

> "Conflitos são abafados no silêncio, mas resolvidos na escuta. – *Tati Gracia.*"

Que tal praticar?

✓ Posicione-se de frente para a pessoa, adote uma postura confortável, traga sua atenção completamente para o momento e minimize qualquer fonte de distração ao seu redor.

Para quem fala:

✓ Inicie sua fala pelo ponto que parecer mais confortável para você. Não se preocupe com ordem ou lógica — fale do que precisar, como puder.

Para quem escuta:

✓ Ouça com presença, sem pressa de interpretar ou julgar. Tente colocar suas opiniões de lado por um momento e se abrir para o mundo do outro.

✓ Evite interromper. Faça perguntas apenas quando forem realmente necessárias — e prefira as mais amplas, que convidem à reflexão.

✓ Preste atenção ao que não é dito: gestos, silêncios e expressões também falam. A escuta ativa vai além das palavras.

Reflexão final

✓ Você acredita que conseguiu criar um espaço de acolhimento para quem falou?

✓ Em algum momento, sentiu-se verdadeiramente acolhido?

✓ Alguma fala ressoou com uma experiência sua?

✓ Conseguiu perceber a diferença entre ouvir e escutar com intenção?

✓ Notou expressões, silêncios ou gestos que enriqueceram a escuta?

✓ Você se sente agora mais preparado? Se ainda nem tanto, não se preocupe.

> "A escuta é a eterna arte de aprender sobre o outro e, em troca, sobre si mesmo. – *Rollo May*"

Então, siga praticando!

"Quando escutamos, não estamos apenas esperando nossa vez de falar. Estamos criando o espaço onde o outro pode se tornar quem ele é." — *Esther Perel*

Capítulo 18

Empatia na experiência do usuário

A empatia não é sobre imaginar como o outro se sente. É sobre sentir o que ele vive. No corpo, na pele, no silêncio.

Durante anos, ouvimos falar da empatia como um valor nobre, desejável, daqueles que aparecem nas paredes das empresas, nos slides das apresentações e nos discursos de líderes bem-intencionados. Mas, para quem está há décadas ocupando posições de liderança, sabemos que entre o que se diz e o que se vive existe uma distância difícil de atravessar.

Essa distância se amplia quando falamos de empatia como prática organizacional. Ouvimos que é importante escutar, entender, acolher. Mas como isso se traduz em decisões, em processos, em relacionamentos reais? Como sair da intenção e entrar na ação?

Essa pergunta foi o ponto de partida para o desenvolvimento do método EEX — *Empatia na Experiência do Usuário* — que transforma empatia em experiência. Ele é, antes de tudo, uma prática que nos devolve o corpo como instrumento de percepção e o outro como possibilidade de conexão.

■ A lacuna entre o discurso e o cotidiano

Apesar de amplamente discutida, a empatia corporativa costuma ser abordada de forma superficial. Está presente em seminários, workshops, campanhas internas. Mas raramente ultrapassa a camada teórica. O que falta é prática, vivência e incorporação.

E é justamente isso que o EEX oferece: um modelo que funde teoria e experiência de maneira sensorial, direta e mobilizadora. A empatia deixa de ser uma ideia a ser entendida e passa a ser algo que se sente, com todas as implicações que isso carrega — físicas, emocionais e comportamentais.

■ Do simulador à metodologia: ciência, experiência e transformação corporativa

No centro da metodologia EEX está o simulador realístico de empatia etária — um equipamento desenvolvido no Japão e integrado de forma pioneira ao contexto organizacional brasileiro. Vestir o simulador é experimentar, ainda que temporariamente, limitações motoras, visuais e físicas: dificuldade para movimentar articulações, caminhar, ler, interagir com objetos simples. Cada gesto exige esforço, cada movimento provoca frustração.

Mas o impacto vai muito além do desconforto físico. Ele mexe com o emocional, ressignifica o olhar sobre o outro, muda a forma como percebemos acessos, produtos, espaços e, acima de tudo, pessoas. O resultado é imediato: a empatia sai da abstração e entra no corpo — onde nenhuma frase motivacional jamais conseguiria chegar.

O que torna o método EEX verdadeiramente singular não é apenas o uso do simulador, mas a forma como ele foi ressignificado e adaptado para o universo corporativo. Eu, Tati Gracia e Will Fiori, ambos gerontólogos, pesquisadores e com uma longa trajetória como executivos em grandes organizações, desenvolvemos este método a partir de um olhar integrado que une ciência, experiência e propósito. O simulador foi originalmente criado para complementar a formação de profissionais da área da saúde — como médicos, fisioterapeutas, terapeutas ocupacionais — ajudando-os a compreender as limitações físicas e sensoriais do envelhecimento.

Entretanto, ao longo da nossa jornada, percebemos que havia ali uma oportunidade: trazer essa vivência para dentro das empresas, conectando-a diretamente às dores e desafios do mundo do trabalho contemporâneo — especialmente no que diz respeito à convivência entre gerações e à construção de culturas organizacionais mais empáticas. Unindo nossa bagagem acadêmica na área do envelhecimento com a vivência executiva no campo dos negócios, ressignificamos o uso do simulador para criar um método que promove transformação real nas empresas — indo da empatia vivida à inovação aplicada, passando pela escuta ativa, pela experiência do cliente e pelas relações de confiança nas equipes.

Esse é o diferencial do EEX: ele não nasceu como um projeto pontual ou uma ação simbólica, mas como uma metodologia estruturada, com base científica e sensível à realidade corporativa, construída para ajudar organizações a se tornarem mais inclusivas, intergeracionais e conscientes. Uma ferramenta que aproxima pessoas, amplia repertórios e permite que lideranças e times desenvolvam novas formas de enxergar o outro — e, com isso, novas formas de construir resultados sustentáveis, inovadores e humanos.

■ Onde o simulador transforma: do time ao produto, do conceito à prática

A potência do simulador não está apenas em gerar impacto emocional. Ela está, sobretudo, em abrir caminhos de transformação prática nas equipes, nos produtos e nas experiências oferecidas ao mercado.

1. Vivência intergeracional nas equipes

Dentro das organizações, o simulador é uma das ferramentas mais eficazes para aproximar diferentes gerações que, muitas vezes, compartilham o mesmo espaço, mas não os mesmos códigos.

Profissionais mais jovens, ao vivenciarem as limitações físicas comuns ao envelhecimento, desenvolvem um olhar mais empático, respeitoso e atento para as necessidades de colegas de outras gerações. Por outro lado, os profissionais seniores sentem-se vistos, compreendidos e legitimados em sua trajetória.

Essa troca não nasce de um "treinamento teórico sobre gerações". Ela nasce do sentir. E isso muda a qualidade das relações, da colaboração e da comunicação dentro das equipes.

2. Inovação no desenvolvimento de produtos e embalagens

Quando designers, engenheiros de produto ou profissionais de marketing passam pelo simulador, percebem que muitas soluções projetadas até hoje foram pensadas para "usuários ideais" — e não para pessoas reais, com desafios diversos de mobilidade, visão ou força física.

A experiência gera *insights* concretos para o redesenho de embalagens, dispositivos, interfaces e produtos:

- *Como abrir uma embalagem com mãos trêmulas?* Pense nas garrafas plásticas de água com tampa de rosca — leves demais para firmar na mão, com corpo flexível e tampa pequena e dura para abrir. Ou nas embalagens de biscoito com lacres metalizados, que exigem precisão e força nos dedos. Para quem convive com tremores, artrose ou perda de firmeza, essas ações simples se tornam desafios diários, gerando frustração, desconforto e até dependência.

- *Como ler um rótulo com visão periférica comprometida?* Imagine tentar decifrar a tabela nutricional de um produto com letras minúsculas, baixo contraste e espaçamento apertado — tudo isso sob a luz do mercado que reflete na embalagem. Ou a bula de um medicamento dobrada várias vezes, impressa em papel fino com fonte quase invisível. Para quem vive com glaucoma, catarata ou perda de visão periférica, a leitura se torna um esforço desgastante, muitas vezes impossível — e isso compromete tanto a autonomia quanto a segurança.

- *Como segurar um frasco pesado com dor articular?* Pense em um frasco de xampu ou amaciante de roupas com tampa dura e corpo cilíndrico, escorregadio, que exige força para ser manuseado com uma só mão. Para quem sente dor ao movimentar os punhos ou os dedos, a tarefa de segurar, abrir e dosar o produto pode se transformar em um risco de queda, derramamento ou até em um motivo para evitar o uso.

Essas são perguntas que o simulador faz sem dizer uma palavra. E são justamente essas perguntas que revelam como os detalhes ignorados podem se tornar barreiras reais — e, ao serem percebidos, abrem caminho para soluções mais humanas, acessíveis e inteligentes. Melhorar esses produtos não é algo que beneficia apenas pessoas idosas, mas todas aquelas que, em algum momento da vida, enfrentam alguma limitação física, sensorial ou temporária. A verdadeira inovação é aquela que acolhe — e quanto mais empática, mais universal ela se torna.

3. Experiência do usuário em ponto de venda

Outra aplicação prática do simulador ocorre nos ambientes físicos de varejo. Com ele, é possível testar a jornada de compra sob outra perspectiva:

- *A altura de uma gôndola faz sentido para alguém com limitação de mobilidade?* Em supermercados, é comum que os produtos mais procurados — como óleos de cozinha, arroz ou papel higiênico — fiquem posicionados nas prateleiras mais altas ou mais baixas, exigindo que a pessoa se estique ou se agache. Para quem usa cadeira de rodas, anda com bengala ou sente dores nos joelhos, esse acesso pode ser inviável. O simples gesto de alcançar um item vira um obstáculo.

- *Um letreiro tem contraste suficiente para alguém com catarata ou glaucoma?* Em farmácias, muitos corredores têm placas suspensas indicando as categorias de produtos — "dermocosméticos", "infantil", "vitaminas". Mas quando o fundo é claro e a tipografia é fina, quem tem perda de visão periférica ou foco comprometido pode não conseguir ler com clareza. O resultado? Desorientação, insegurança e dependência de terceiros para localizar o que precisa.

- *A sinalização é clara o bastante para quem caminha com*

lentidão ou dificuldade de foco? Em lojas de conveniência ou estações de metrô com áreas comerciais, placas indicativas de caixas, banheiros ou promoções muitas vezes são colocadas em posições de passagem rápida, com muita informação visual competindo pela atenção ao mesmo tempo. Para quem caminha devagar ou precisa de mais tempo para processar as informações, essa sinalização gera confusão, pressa e estresse — afetando diretamente a experiência de compra.

Aquilo, que costuma parecer apenas um detalhe para quem lidera projetos, pode, na prática, ser o que define se uma experiência será acessível ou excludente. O simulador permite ver o invisível, não por empatia imaginada, mas por empatia experienciada.

■ Da experiência à transformação: três pilares

O impacto do EEX se manifesta com força em três eixos centrais da cultura organizacional:

1. Comunicação com presença

A experiência muda a escuta. Profissionais relatam que passaram a perceber melhor os silêncios, os gestos e o não dito. A comunicação deixa de ser mera transmissão de informação e se torna espaço de encontro. Isso é visível em reuniões, processos de feedback e até nos e-mails — que ganham um novo tom, mais atento, mais humano.

2. Relações de confiança

Quando as lideranças passam pelo simulador, as equipes percebem. E essa percepção gera um novo tipo de credibilidade: mais próxima, mais verdadeira. A empatia se manifesta nas decisões, nos rituais e nas prioridades. O ambiente se torna mais seguro para assumir erros, compartilhar dúvidas e propor novas ideias.

3. Bem-estar com pertencimento

Empresas que criam ambientes onde é possível expressar vulnerabilidade — sem medo de julgamentos — fortalecem a saúde emocional dos seus colaboradores. Isso reduz o burnout, melhora o clima e aumenta o engajamento. O trabalho volta a ser fonte de realização, não de exaustão.

■ Inovação orientada pela empatia

Além dos impactos humanos, o método EEX também atua como catalisador da inovação. Empresas que adotam o simulador relatam mudanças significativas na forma de desenvolver produtos, serviços e experiências.

A empatia, quando vivida, não reduz a performance. Ela a qualifica, porque reconecta a solução ao ser humano real.

Os cinco pilares do EEX

Para estruturar a aplicação do método, identificamos cinco pilares que sustentam sua prática:

1. Imersão real – sentir no corpo o impacto de barreiras físicas e sensoriais que antes eram invisíveis.

2. Escuta ativa – desenvolver atenção plena para captar nuances, silêncios e necessidades não verbalizadas.

3. Conexão intergeracional – aproximar gerações com empatia experienciada, não apenas ensinada.

4. Feedback empático – construir espaços de crescimento com devolutivas humanas, honestas e respeitosas.

5. Experiência do cliente humanizada – repensar produtos e jornadas a partir de realidades diversas.

Esses pilares são ativados por diferentes áreas dentro das organizações — cultura, inovação, desenvolvimento humano, design, experiência do cliente. São eles que integram a empatia ao cotidiano de decisões, processos e relações.

■ Quando a empatia deixa de ser conceito e se torna prática

A empatia aplicada com intenção e método tem o poder de redefinir relações, culturas e resultados. Ela não suaviza decisões — ela as humaniza. Não evita conflitos — mas os atravessa com escuta e verdade. E, acima de tudo, lembra a cada um de nós que trabalhar é, também, viver com os outros.

> “Empatia não é calçar os sapatos do outro. É reconhecer que eles existem, que carregam histórias, e que talvez não sirvam no seu pé.”

Capítulo 19

Quando a liderança escuta, a cultura muda

Como continuamos humanos num mundo que insiste em automatizar até a alma?

Talvez a pergunta mais urgente do nosso tempo não seja sobre tecnologia, produtividade ou inovação. Talvez o que realmente nos atravessa entre prazos, metas e algoritmos seja algo mais sutil: como manter o humano no centro das relações de trabalho?

Essa pergunta ecoa com força dentro das organizações, especialmente nas lideranças. Porque são elas que, mais do que gerenciar, moldam culturas. E é por isso que a liderança empática deixou de ser uma escolha de estilo, ela se tornou uma urgência cultural.

■ A cultura como espaço emocional coletivo

A cultura organizacional não é um manual na intranet. É o que pulsa nos corredores, nas pausas para o café, nas decisões sob pressão. É feita do que se diz e, principalmente, do que se cala. E se há algo que costuma ser silenciado — mas que opera como uma força corrosiva — é a vergonha.

A vergonha paralisa times, mina a criatividade e inibe o pertencimento. Ela aparece no gestor que evita admitir erros, no colaborador que não sugere ideias por medo de julgamentos, ou na equipe que esconde falhas para não se expor.

Brené Brown nos lembra que vergonha é diferente de culpa: enquanto a culpa diz "eu fiz algo errado", a vergonha diz "eu sou errado". E é por isso que ela nos afasta — dos outros, de nós mesmos e da coragem necessária para criar algo novo.

Uma cultura organizacional empática reconhece esse desconforto e o acolhe. Permite que líderes digam "não sei", que equipes errem sem medo de retaliação e que conversas difíceis existam sem que relações se rompam. A vergonha precisa ser nomeada para perder força. E a liderança empática é quem começa esse movimento.

■ A liderança empática como resposta ao colapso da perfeição

Durante muito tempo, liderar foi sinônimo de saber tudo, manter a postura e não demonstrar fraqueza. Mas essa ideia, que já sustentou muitas estruturas, está ruindo.

> "O líder do futuro e do presente não é o mais infalível, mas o mais disponível."

Estar presente mesmo quando não se tem respostas. Escutar antes de reagir. Reparar quando se erra. Perguntar com interesse real, e não para validar a própria opinião. Ter coragem de sustentar o desconforto sem recorrer ao controle. Essas são as novas marcas de uma liderança viva.

■ O comportamento de quem lidera com empatia

Liderar com empatia não é mais um diferencial, é um compromisso com o presente e com o futuro das relações no trabalho.

Como analista comportamental e com anos de experiência na liderança executiva, Will e eu sabemos o quanto o poder da escuta, do respeito e da presença genuína transforma ambientes, equipes e resultados.

Empatia é enxergar o outro para além do cargo. É criar conexões reais e cultivar uma cultura mais humana.

Para líderes que desejam colocar a empatia em prática, sem perder a consistência ou a direção, aqui estão algumas posturas fundamentais:

Alinhe o significado

- Sem clareza, a empatia vira suposição.
- Combine com o time o que são comportamentos empáticos.
- Conceito compartilhado, cultura fortalecida.

Foque no outro

- Empatia não é sobre você.
- É sobre escutar de verdade, sem tentar consertar.
- Pare. Ouça. Não preencha espaços vazios.
- Resista à vontade de interromper com suas histórias.

Acolha sem perder a direção

- Empatia não anula metas.
- Ela aproxima. Constrói. Ajusta.
- Dá espaço para o outro, além de manter o time alinhado com o que importa.
- Líder empático também entrega.

Reconheça os limites do time e os seus

- Ser empático não significa se sobrecarregar.
- É sustentar o espaço, sem se anular.
- Estabeleça limites. Modele a autorregulação emocional.
- Limite não é barreira – é proteção. Você também importa.

Escolha palavras que criem conexão

- Evite frases que minimizem a dor do outro.
- "Pelo menos..." ou "Sei como você se sente" desconectam.
- Em vez disso, valide as experiências do outro, reconheça suas emoções e demonstre curiosidade, sem julgamentos.

Empatia não é um dom.
É uma prática diária.
Quem lidera com empatia transforma relações, times e resultados.

■ Curiosidade e escuta: os novos códigos da liderança

A empatia, quando acompanhada de curiosidade genuína, abre espaço para um novo tipo de liderança — aquela que não impõe, mas pergunta. Que não decide sozinha, mas constrói com o time.

Kenya Barris fala da curiosidade como um gesto ético. Malcolm Gladwell nos lembra que são as histórias que unem o que parece impossível de conectar. Brené Brown reforça que é preciso se despir da armadura para verdadeiramente ouvir.

Num mundo onde a performance é medida em tempo real, a pausa para escutar com profundidade se torna um ato de resistência e inovação.

■ Empatia intergeracional: o que une diferentes mundos num mesmo time

Em muitas organizações, os conflitos entre gerações ainda são tratados como tabu ou piada — "millennials são frágeis", "a geração Z não quer trabalhar", "os mais velhos são resistentes à mudança". Mas a verdade é que essas frases, muitas vezes ditas de forma despretensiosa, revelam o quanto ainda temos a aprender sobre convivência intergeracional.

A liderança empática não apenas reconhece essas diferenças — ela cultiva a potência que há nelas. Porque a diversidade de idades não é um desafio a ser contornado. É uma vantagem competitiva a ser nutrida.

Pense no líder de 50 anos que se vê a frente de uma equipe composta majoritariamente por profissionais da geração Z — com outras linguagens, outras prioridades, outras formas de pensar carreira e pertencimento. Ou, ao contrário, num gestor de 30 anos tentando engajar profissionais que têm o dobro de sua idade e não se conectam com seu estilo de comunicação. Sem empatia, esses encontros viram desencontros. Com empatia, se tornam potência.

Cultivar uma liderança intergeracional é estar disposto a ouvir o que ainda não se entende, a fazer perguntas em vez de julgamentos, a traduzir e a ser traduzido. É admitir que talvez você não entenda a lógica do TikTok, mas pode aprender. Ou que talvez sua bagagem seja valiosa demais para ser engavetada por modismos.

Empatia entre gerações não exige concordância. Exige respeito e escuta real. E um líder que cria espaço para isso constrói times que pensam além, inovam com mais repertório e crescem com mais consciência coletiva.

■ Quando a IA acelera, a liderança empática desacelera para sentir

A inteligência artificial vai continuar crescendo. Ela processa, prevê, calcula, automatiza. Mas ela não sente. Não constrói confiança. Não escuta um colaborador em silêncio. Não sabe a hora de pausar para olhar nos olhos. Como disse Kenya Barris: "A IA pode estruturar. Mas só o humano arrepia."

Liderar com empatia é garantir que, em meio a tanta automação, ainda haja espaço para o humano que sente, erra, repara e transforma.

No fim, o que sustenta uma cultura empática não é o discurso bonito, nem o manual corporativo. É o comportamento de líderes que praticam coragem emocional no cotidiano. Que têm humildade para reaprender, curiosidade para ouvir o novo, e firmeza para sustentar o humano quando tudo parece mecânico.

Como bem provocam Brown, Barris e Gladwell:

- *Como liderar sem fingir força?*
- *Como criar culturas sem trair a verdade?*
- *Como sentir num mundo que diz para não sentir?*

A resposta não é simples. Mas começa com presença. Com escolhas conscientes. E com a decisão de que a empatia não é apenas uma competência, é um pacto com o futuro de todos nós.

Pausa para Pensar

> Porque quando a empatia está presente, a conexão acontece.

Empatia não é um ideal distante. É uma prática cotidiana que exige coragem, presença e disposição para sentir o outro mesmo quando não há conforto, consenso ou tempo. Este bloco nos lembrou que conexão não se cria por discurso, mas por escuta. E que a escuta, quando verdadeira, transforma. Transforma produtos, relações, culturas e lideranças.

O que vimos aqui é que empatia não é apenas uma virtude. É uma estratégia de transformação organizacional e, acima de tudo, uma ética de convivência entre gerações, ritmos e visões de mundo. Em um cenário no qual a tecnologia acelera e as relações se comprimem, escolher a empatia é escolher não se perder de si e nem do outro. É reconstruir pontes onde antes havia pressa, julgamento ou silêncio. É sobre reaprender a liderar, comunicar e decidir com mais humanidade porque a cultura só muda quando quem lidera se transforma.

Reflexões para aplicar no trabalho e na vida

1. Como tenho escutado as dores e os limites de quem trabalha comigo, para além da função que ocupam?
2. Que barreiras invisíveis estão afastando minha equipe da conexão verdadeira — e o que posso fazer para removê-las?
3. Estou liderando com escuta real ou apenas respondendo com empatia treinada?
4. De que forma posso transformar a empatia em prática organizacional, e não apenas valor de cultura?
5. Estou aberto a desaprender para me conectar com outras gerações sem julgamento ou superioridade?
6. Tenho conseguido sustentar conversas difíceis com presença e respeito?
7. Onde estou confundindo empatia com permissividade — e onde estou usando autoridade para evitar sentir?
8. Que decisões recentes tomei a partir da escuta genuína — e o que mudou depois disso?
9. Como a empatia pode ser aplicada de forma concreta no meu negócio, produto ou ponto de contato com o cliente?
10. O que me impede, hoje, de cultivar uma liderança mais humana e intergeracional?

Empatia não é ideologia. É prática. É ação com intenção. É decisão que transforma comportamentos, ambientes, produtos e resultados. É quando líderes escutam com presença e transformam essa escuta em decisões mais justas, estratégias mais conscientes e relações mais verdadeiras.

Nas organizações, a empatia não atua apenas no campo do sensível, mas no cerne da inovação, da inclusão, da confiança e da performance. Melhora times, reduz ruídos, evita rotatividade, gera produtos mais relevantes, ativa experiências mais humanas. É força de conexão, mas também é métrica de resultado quando aplicada com consciência e consistência.

E se há algo que este bloco nos mostrou, é que empatia não é para ser defendida, é para ser vivida. Ela não precisa ser explicada quando é sentida. Porque quando a empatia está presente, a conexão acontece. E quando a conexão acontece, tudo pode mudar.

Liderar com empatia é garantir que, em meio a tanta automação, ainda haja espaço para o humano que sente, erra, repara e transforma.

Posfácio

Escolhas que nos aproximam

Este livro nasceu da escuta do tempo em que vivemos, um tempo marcado por aceleração, solidão, envelhecimento, polarizações e perguntas urgentes sobre como vamos continuar convivendo num mundo de múltiplas vozes e verdades.

O que atravessa todas essas transformações é a mesma pergunta: *como seguir humanos em um mundo que insiste em automatizar até as relações*?

Ao longo deste percurso, você caminhou pelas grandes forças que estão redesenhando o presente: o envelhecimento populacional, a crise climática, a revolução tecnológica, os novos formatos familiares e os desafios emocionais das gerações.

Você mergulhou em tensões silenciosas, nas demandas de um mundo multigeracional, nos incômodos que raramente são ditos, mas que sentimos todos os dias nas relações, nos conflitos e nos ruídos entre pessoas que simplesmente pensam, sentem e vivem de formas diferentes.

E então chegamos à empatia.

Não como uma ideia abstrata ou um valor simpático, mas como uma prática concreta que atravessa o trabalho, a casa, a escola, os cuidados e os vínculos. Uma escuta que transforma relações. Um olhar que legitima histórias. Uma escolha que reconstrói pertencimento.

O método *Empatia na Experiência do Usuário* nasceu para tornar isso visível. Para fazer do sentir um caminho de entendimento. Para transformar barreiras invisíveis em possibilidades reais de conexão. Mais do que uma técnica, é uma vivência. Um convite ao corpo, ao silêncio, à presença. À coragem de se aproximar do outro mesmo sem entender tudo e justamente por isso, com mais respeito.

Porque a empatia não é ideologia. É prática. É intencionalidade. É estrutura emocional que gera transformação. Ela melhora conversas. Redesenha produtos. Reorganiza famílias. Cura laços rompidos. Amplia perspectivas.

E quando aplicada com verdade, ela nos mostra que a conexão entre as gerações e entre as pessoas não é algo que acontece por acaso. É algo que se constrói.

Ela respira nas relações familiares, na escuta entre pais e filhos, no cuidado com o outro em sua jornada única de vida.

Ela é, ao mesmo tempo, humana e organizacional. Pessoal e coletiva. Silenciosa e revolucionária.

Se há algo que fica ao fechar estas páginas, é um convite — não à perfeição, mas à presença.

Não à pressa, mas à pausa.

Não à fórmula, mas à escuta real.

Que cada leitor, líder, profissional, educador ou cuidador que chegou até aqui leve consigo o compromisso de construir pontes mesmo que a primeira reação do outro seja silêncio, resistência ou medo.

Porque só escuta quem está disposto a sustentar o desconforto. E só transforma quem aceita que conexão exige coragem antes de dar resultado.

Empatia é mais do que um valor.

É uma escolha.

É o começo de uma nova história entre nós.

Com carinho,
Tati Gracia e Will Fiori

Referências

American Psychological Association (2021). Mostram que mais de 75% dos pais com filhos até 12 anos relataram níveis elevados de estresse durante a pandemia.

Attia, Peter (2023). *Outlive*: The Science and Art of Longevity. Harmony.

BBC (2018). BBC loneliness experiment.

Boston Consulting Group (2024). Flexibilidade no trabalho reduz burnout, com retorno de 425% no investimento.

Burnout Parental Report (2024). B2Mamy e Kiddle Pass: 9 em cada 10 mães apresentam sintomas de exaustão emocional.

Centro de Estudos sobre as Tecnologias da Informação e da Comunicação – Cetic.br (2025). Acesso à Internet por Crianças de 6 a 8 Anos.

Conselho Federal de Farmácia (2022). Pesquisa Nacional sobre Automedicação. Brasília: CFF.

DATA8 (2024). Estudo sobre os perfis da Geração Prateada no Brasil.

Deloitte (2022). 60% dos jovens (18-24) checam smartphones em até 5 minutos após acordar.

Engel, G. L. (1977). The need for a new medical model: A challenge for biomedicine. *Science*, 196(4286), 129–136.

Estudo Grupo Consumoteca (2022): "Geração CTRL Z", "Decifrando a Geração Z", "Consumotherapy", "Z brasileiro como consumidor", "Smart Buying".

Estudo Longitudinal da Saúde dos Idosos Brasileiros (ELSI-Brasil) (2023). Relatório 2023.

Fiocruz (2022). Isolamento social aumenta risco de doenças cardíacas em 50%; propósito reduz risco de depressão em 40%.

Gallup (2025). Equipes empáticas têm 60% mais produtividade e 50% mais retenção de talentos.

IBGE (2023). Divórcios em Alta no Brasil.

IBGE (2023). Casamentos em Queda e Postergados.

IBGE (2022). Crescimento de Domicílios Unipessoais – Censo 2022.

IBGE (2022). Transformações na Estrutura Familiar Brasileira – Censo 2022.

IBGE (2024). Projeção da População Idosa no Brasil até 2070.

IBGE (2024). 2 milhões de crianças aguardam vagas em creches públicas no Brasil.

IBRE (2024). 40% dos jovens brasileiros (18-30) enfrentaram desemprego ou redução salarial na pandemia.

Instituto Alana (2021). Dever geral de cuidado das plataformas diante de crianças e adolescentes (parecer por Ana Frazão).

Instituto Locomotiva (2022). 57% dos brasileiros se sentem sozinhos com frequência.

Instituto Ipsos (2021). Mais de 40% dos jovens (16-25) hesitam em ter filhos.

Instituto Ipsos (2025).Coleção Flair Brasil 2025: Movimentos sob a superfície: tensões tectônicas e oportunidades reais.

Instituto Ipsos (2017). Preocupação dos brasileiros com desastre ambiental.

Instituto Ipsos (2023). Confiança da população brasileira nas informações de saúde.

Instituto Ipsos (2024). 68,1% dos gestores têm dificuldade com expectativas da Geração Z no trabalho.

Ipea (2019). Famílias brasileiras gastam 30% da renda com saúde de idosos.

JAMA (2021). Atenção média de jovens caiu de 12 para 8 segundos entre 2000 e 2020.

JORNAL EXTRA (2023). Procura por planos de saúde para pets cresce até 300%. Matéria por Letícia Lopes.

Kalache, Alexandre (1999). *O envelhecimento bem-sucedido*: um desafio para o século XXI. Organização Pan-Americana da Saúde.

McCrindle, Mark; Fell, Ashley (2023). *Generation Alpha*: Understanding Our Children and Helping Them Thrive. Hachette Australia.

Ministério da Saúde (2021). 70% das mulheres cuidando de idosos gastam mais de 40% da renda em saúde.

MIT (2018). Polarização digital e fake news se espalham seis vezes mais rápido que fatos verificados.

Mordor Intelligence (2024). Crescimento do Mercado de "Smart Homes" Adaptáveis.

MOTA, Paula Cristina; NEVES, Rui (2019). Intergeracionalidade e TIC: visão dos jovens participantes num programa intergeracional. *Revista Kairós-Gerontologia*, 22(2), 49-67. São Paulo.

NUBE – Núcleo Brasileiro de Estágios (2024). Como é a Geração Z no mercado de trabalho?

NUNES, Paulo Reis (2024). *Cabaré das Divas*: percursos, memórias e visualidade drag na cultura LGBTQIAPN+ em Goiânia. Tese (Doutorado em Artes Visuais) – Universidade de Brasília.

OMS (2019). Guidelines on physical activity, sedentary behaviour and sleep for children under 5 years of age.

OMS (2020). Infodemia e COVID-19: Boletim Informativo.

OMS (2021). Aumento de 30% no consumo global de alimentos ultraprocessados nos últimos 20 anos.

ONU (2022). Relatório sobre Desigualdade e COVID-19.

OPAS (2023). Relatório de Acesso e Barreiras aos Serviços de Saúde na América Latina.

Panorama Mobile Time/Opinion Box (2022). Uso de Smartphones entre Crianças de 0 a 12 Anos.

Perspectives on Psychological Science (2015). Isolamento social aumenta risco de morte precoce em até 32%.

ProTeste (2022). 77% dos brasileiros se automedicam, com 45% influenciados por redes sociais.

Sebrae (2011). Famílias unipessoais e consumo de conveniência.

Sebrae (2024). 30% dos brasileiros vivem em casas multigeracionais.

Stanford University (2020). *Distraction, Devices, and Student Learning*: A Stanford Study.

The Lancet (2021). Ecoanxiety and the Mental Health of Young People.

UNESCO Brasil (2023). Relatório sobre Infância e Tecnologias Digitais.

Universidade da Califórnia (2025). Estudo com 7.000 adultos ao longo de nove anos.

Universidade de Chicago (2023). Idosos isolados têm declínio cognitivo 20% mais rápido, aumentando risco de demência.

Universidade de Harvard (2021). Uso excessivo de redes sociais aumenta ansiedade e depressão em 50% entre adolescentes.

Unifesp (2024). Mais de 60% das mulheres da Geração Sanduíche relatam estresse crônico.

USP (2021). Relatório sobre Burnout durante a Pandemia.

USP (2022). Atividade física reduz risco cardiovascular em 30% em idosos; 50% sentiram solidão extrema durante a pandemia.

USP – Faculdade de Economia e Administração (2024). Superando limites: desafios do empreendedorismo 50+.

Vital Strategies & Instituto Veredas (2023). Juventudes e Saúde Mental no Brasil.

WGSN (2023). Geração Alpha: A Primeira Geração Totalmente do Século XXI. *Relatório "O Fenômeno Alfa"*.

World Economic Forum (2025). The Future of Jobs Report.

Revista Nature Climate Change (2023). Climate Change and Mortality Projections.

Revista Nature Climate Change (2023). Generational differences in climate-related beliefs, risk perceptions and emotions in the UK.

Sobre a autora

TATI GRACIA é uma voz influente em empatia, comportamento humano e diversidade geracional no Brasil. Autora do livro "Empatia: Humanização Além do Marketing", aplica seu conhecimento como analista comportamental e gerontóloga para transformar a diversidade etária em estratégia de crescimento e conexão entre gerações.

Com mestrado em Análise do Comportamento Humano, pós-graduação em Gerontologia e MBA em Marketing, construiu sua trajetória como executiva em empresas como Ford, Natura e Mondelez International. Atualmente é professora da Fundação Getúlio Vargas e convidada no Hospital Israelita Albert Einstein. Também apoia empresas e lideranças a enfrentar os desafios contemporâneos com estratégias centradas na empatia, fortalecendo culturas mais humanas e promovendo o diálogo entre diferentes gerações.

Sobre o autor

WILL FIORI é um dos grandes nomes sobre diversidade geracional no Brasil, liderando transformações no mercado há mais de 20 anos. Estrategista e inovador, ajudou a construir marcas icônicas como Bigfral, Addera e Benegrip, deixando sua marca em gigantes como Hypera e Ontex Global. Reconhecido globalmente, foi citado no livro Longevity Hub do MIT (Massachusetts Institute of Technology) como o principal especialista brasileiro no tema. Criador e host do Gerocast, o primeiro podcast sobre longevidade no Brasil, também é fundador do Grupo de Estudos Envelhecimento 2.0, que reúne especialistas para discutir o futuro da longevidade. Professor do Hospital Israelita Albert Einstein e convidado da FIA, UFRJ, PUC-SP e INSPER, leva esse debate para o centro das decisões. Seu impacto já foi reconhecido com prêmios da ONU Latin America e o Selo Direitos Humanos da Prefeitura de São Paulo.